U0932791

平话金融丛书

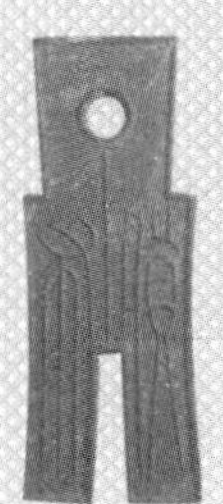

人民币国际化
企业如何战略决策

RMB INTERNATIONALISATION

How to Make Corporate Strategies

李科 陈平◎著

图书在版编目（CIP）数据

人民币国际化：企业如何战略决策/李科，陈平著．—北京：经济管理出版社，2017.2
ISBN 978－7－5096－4995－4

Ⅰ.①人…　Ⅱ.①李…　②陈…　Ⅲ.①人民币—金融国际化—研究　②企业战略—战略管理—研究—中国　Ⅳ.①F822②F279.23

中国版本图书馆 CIP 数据核字(2017)第 043580 号

组稿编辑：王光艳
责任编辑：许　兵
责任印制：司东翔
责任校对：超　凡

出版发行：经济管理出版社
（北京市海淀区北蜂窝 8 号中雅大厦 A 座 11 层　100038）
网　址：www. E－mp. com. cn
电　话：（010）51915602
印　刷：三河市延风印装有限公司
经　销：新华书店
开　本：720mm×1000mm/16
印　张：9.75
字　数：137 千字
版　次：2020 年 5 月第 1 版　　2020 年 5 月第 1 次印刷
书　号：ISBN 978－7－5096－4995－4
定　价：58.00 元

联系地址：北京阜外月坛北小街 2 号
电话：（010）68022974　　邮编：100836

前　言

货币国际化进程也是一国谋求国际金融主权与影响力的过程，各个货币主权国均不遗余力地推进本国的货币国际发行权。就像过去十年的房地产业规模扩张进程一样，未来十年间人民币国际化也将是影响社会政治、经济与生活的重大经济变革。本研究拟从微观金融市场的视角出发，深入研究货币国际化的演变、缘起与条件，离岸市场建设与货币回流机制的设计、离岸产品与在岸产品的开发及互动等，同时从微观角度研究汇率风险保值策略及金融衍生工具开发，以期为国际化企业的离岸市场战略及汇率风险管理策略的科学性提供参考依据，并为企业国际化与ODI战略提供决策参考。

基于上述目的，本书将重点研究人民币国际化的战略模式、路径判断等宏观趋势问题，并展望香港人民币离岸市场发展的中期趋势与未来前景，再进一步深入到企业视角，分析在金融业态变革与离岸市场兴起的大趋势下，非金融企业在投资、融资与风险对冲策略上有何机遇，而金融企业应当在资产业务、负债业务与中间业务等方面做何调整；探寻宏观经济形势变革下的应对之策，寻找企业未来新兴的利润增长点。

本书通过比较与分析认为，目前由贸易结算主导的人民币国际化模式仍处在初级阶段并存在不稳定性，未来跨境资本的双向流动与离岸金融市场的发展会大幅加快。在此背景下，资本项目开放、离岸市场发展、贸易自由化与区域一体化进程以及汇率改革引发的产业结构调整，将给金融业、服务业及非贸易部门和相关企业带来巨大的发展机遇。应对未来的金融业态变革与离岸市场兴起，外向型企业可关注资金管理、风险对冲、规避风险与低成本融资等方面的战略机遇，助力国际化经营战略；而金融机构需要即时扩张离岸资产负债表，关注金融市场与金融创新业务的增长空间。

笔者

2016 年 12 月

目　录

第 1 章
导　言

1.1　研究背景

中国经济经过 30 多年的高速增长，与全球经济的融合程度不断加深，在推动自身发展和转型的同时，也彻底改变了世界经济的格局。特别是 2008 年金融危机爆发之后，当发达国家饱受债务困扰而陷入增长停滞之时，中国通过率先复苏以及扩大国内需求，显著地改善了世界其他地区的经济增长前景。目前，按汇率法计算，中国已经成为全球第二大经济体，其 GDP 占世界的 11%；按照 WTO 统计，2012 年中国货物贸易总额为 3.87 万亿美元，占全球贸易的 10.5%，位列全球第二，仅比美国少 150 亿美元，同时中国还是全球第三大服务贸易国家；此外，中国是仅次于美国的全球第二大 FDI 流入国，其流入金额约占全球的 9%，对外直接投资近年来也以每年约 30% 的速度增长。这些经济实力的重大变化，构成一国货币崛起的重要推动因素，成为人民币加速国际化的基本宏观图景。

必须看到，中国的影响并不仅仅局限于经济层面。金融危机爆发以来，人民币在全球贸易结算、投资、计价和储备等领域的影响力大大提升，全球金融体系开始发生系统性的变化。2012 年中国以人民币结算的进出口额是 2010 年的 6 倍，占整个贸易额的比重从 2010 年的 3% 上升到 2012 年的 12%；2011 年 6 月，全球开展人民币业务的国际金融机构只有 900 家，至 2012 年 8 月已经超过 10000 家；以 CNH 计价的香港外汇即期和远期市场交易量 2012 年翻了一番，达到 80 亿美元。此外，从稳步提升的离岸人民币债券发行量，到成倍扩张的合格人民币境外投资者（RQFII），再到人民币外商直接投资（FDI）以及人民币对外直接投资（ODI）的迅猛增长，人民币国际化进程也推动资本项目开放的步伐大大加快。虽然，人民币尚未实现完全自由兑换，但已有日本、韩国、白俄罗斯、马来西亚、泰国、柬埔寨、俄罗斯和菲律宾等国央行宣布将人民币纳入其外汇储备货币，人民币开始初步发挥价值储备职能。

人民币国际化与离岸市场建设的试点改革政策也在密集推出，境内外市场日趋开放与完善：

其一，扩大跨境贸易人民币结算试点。2009 年 7 月 1 日，央行等发布《跨境贸易人民币结算试点管理办法》，开始在上海、广州、深圳、珠海、东莞 5 个城市的 365 家企业启动跨境贸易人民币结算试点，境外地域范围暂定为中国港、澳地区和东盟国家。2010 年 6 月 22 日，央行等发布《关于扩大跨境贸易人民币结算试点有关问题的通知》，将试点扩大至 20 个省、市、区，不再限制境外地域，试点业务范围扩展到所有经常项目结算。2010 年 12 月，出口试点企业扩大到 67724 家。2009 年，人民币跨境贸易结算额仅为 35.8 亿元，2010 年，人民币跨境贸易结算额攀升至 5063.4 亿元，为 2009 年的 141 倍。

其二，允许人民币跨境直接投资。除通过经常项目（货物与服务贸易进口）输出人民币外，中国政府也开始试图通过资本项目（对外直接投资）输出人民币。2010 年 10 月，在新疆维吾尔自治区启动跨境贸易与投资人民币结算试点工

作，在新疆维吾尔自治区注册的企业可使用人民币资金或资产到境外设立或参股企业，境外投资者可用人民币资金在新疆维吾尔自治区设立或参股企业。2011年1月，央行发布《境外直接投资人民币结算试点管理办法》，允许获准开展境外直接投资的境内企业以人民币进行境外直接投资。

其三，积极在香港培育离岸人民币市场。为解决境外人民币持有者的投资出路，在我国实行资本管制、国内金融市场尚不具备大幅度对外开放的条件下，发展离岸人民币市场成为推动人民币国际化的重大环节。香港由于得天独厚的条件成为离岸人民币市场的首选地域。两年来，在建立和完善境外人民币支付和清算系统的基础上，中国政府大力支持香港培养和建设离岸人民币市场，积极开发人民币金融产品，取得了十分可观的成效。

其四，逐步开放在岸金融市场。随着持有人民币的境外机构逐渐增多，产生了购买人民币资产的需求。为打开人民币回流通道，2010年8月，央行发布《关于境外人民币清算行等三类机构运用人民币投资银行间债券市场试点有关事宜的通知》，允许境外中央银行或货币当局、港澳人民币业务清算行和境外参加银行使用依法获得的人民币资金投资银行间债券市场。

1.2　研究目的与意义

所谓人民币国际化即人民币逐步发展成为国际货币的过程。而目前人民币的使用也仅仅局限于有中国参与的国际交易，跨境结算获得的人民币最终也只能用于在中国境内购买商品和资产。因此，从交易需求的角度需要国际化的人民币作为支付手段。且从目前的情况来看，香港离岸人民币的主要需求者来自境内的企业及政府部门，并用于境内投资，且从规模和周期上来看，均非促进离岸人民币市场发展的长期有效方式。

香港作为国际性的金融中心，具有自由兑换的货币、稳健而且高效率的金融体系、及时的信息流动、高效的金融监管的优势，但是在 1997 年亚洲金融危机之后，香港面临经济转型的难题，如何进一步发挥金融中心的地位，一直是香港金融当局关心与考虑的问题。香港能否借助人民币离岸业务来巩固和提升其国际金融中心的地位，完全取决于离岸人民币业务的发达程度。根据伦敦离岸美元的经验，当一国离岸贷款利率低于在岸贷款利率，离岸存款利率高于在岸存款利率时，离岸货币才较在岸货币有吸引力，才能促进离岸市场的繁荣。另外，香港人民币离岸市场的建立是人民币国际化进程的一个过渡阶段，通过对香港离岸中心发展的探讨以期对人民币国际化的政策安排提出建议并带来启示。

人民币国际化的趋势将变得更加显著而且意义深远，所有在中国本土经营的企业、与中国开展贸易的跨国公司、参与中国资本市场的全球投资者、管理人民币外汇风险的金融机构以及正在加快“走出去”步伐的中国企业，都需要深刻地认识到这一迅猛而深刻的变化趋势，评估其战略性影响，以便在充分应对挑战的同时，把握潜在的巨大商机。

1.3 研究思路

考虑到人民币国际化进程的多方面因素，本研究大体上可以分成三个步骤：首先，对于人民币国际化进程的阶段性把握，包括人民币作为国际结算货币及投资货币的功能实现机制、资本账户开放汇率市场化进程的分析。这使本研究对于人民币国际化的进度及未来前景有一个宏观认识。其次，对香港作为人民币离岸业务中心的角色及与内地人民币业务的联动机制做一番分析。离岸业务将是人民币国际化的一条现实可行路径。因此这一部分可以看作是前面内容的现实性分析，将人民币国际化进程、香港作为离岸金融中心以及企业转型与升级三者有机地统一起来。最后，落实到微观层面上来讨论在人民币国际化进程与香港离岸金融业务的大环境下企业的应对之策。可以预想，设计与发行人民币离岸产品的主体主要为具有中资背景的香港金融机构。如何贴合海外市场需求，设计创新型人民币产品就成了摆在离岸业务金融机构面前的难题。这也需要我们深入开展离岸金融市场实践，结合人民币实际业务需要进行细致研究。

本书共分为7章。其中：

第1章是导言，主要介绍研究背景、目的、意义和内容结构安排。

第2章是人民币国际化理论综述，对一国货币国际化的内涵、基本理论、成本收益、与经济增长的关系等方面，进行文献综述和理论剖析。

第3章是人民币国际化的背景、经验与路径。对目前世界上主要国际货币状况、人民币国际化背景、驱动因素、货币国际化的通行经验、人民币国际化的可能路径与配套改革等做出分析，强调一国货币国际化战略中的一般性规律，重视国内金融领域改革的配套，关注人民币国际化进程中可能带来的风险。

第4章是人民币国际化的战略模式与产品设计。本章在第3章的基础上，针对人民币国际化的顶层设计、战略模式、金融业配套发展、金融市场建设与产品设计等议题做出探讨。在探讨人民币国际化路径的前提下，我们力图梳理和总结出微观产品的发展规律与带来的商机，以便更好地把握人民币国际化战略可能带来的金融业态变革。

第5章是人民币离岸市场的现状、问题和前景。本章探讨人民币国际化战略下诞生的庞大的离岸金融市场，以及市场发展现状、资金供求、流动机制。在此基础上，将在考察香港离岸市场上的金融产品研发思路的同时，尝试对市场建设初期一些疑问和争议做出回答。

第6章是人民币国际化趋势下的企业商机。本章对人民币国际化与香港离岸金融市场迅速发展中蕴含的可能商机做出探讨。我们分别从外向型企业与金融机构的角度考察人民币国际化战略下的业态变革、企业应对策略与可能商机，以此对企业国际化经营战略做出指导。

第7章是本书主要研究结论与政策建议。

第 2 章
人民币国际化理论综述

有关人民币国际化的研究文献众多，下面分不同主题对其做一下简要梳理。

2.1 货币国际化的内涵

2.1.1 货币国际化的定义

货币国际化始于一种货币在发行国境外开始被使用和持有，即该货币不仅可以在该国居民间的经济金融交易中被使用，也可以在货币发行国居民与非居民的交易中被使用（Kenen，2009）。但有些学者认为这种界定过于宽泛，目前符合这种要求的可称其为国际货币的货币太多了，由此学界认为，只有当一国货币在没有该货币发行国参与的国际交易中充当记账单位、交易媒介和价值贮藏手段时，该货币才算实现了国际化（Tavlas，1991）。按照第二种观点，人民币还没有进入国际化进程；依据研究需要，本书将货币国际化界定为一个动态过程，将

Tavlas 认定的货币国际化视为国际化的高级阶段，因而采用流行的第一种界定观点。

2.1.2 货币国际化的衡量

学者们均认同对货币国际化的衡量要从货币职能入手，但对其职能的具体分类有不同的做法。Hartmann（1998）在 Cohen（1971）的基础上对国际货币的职能进行以下分类：其一，交换媒介职能，国际货币在贸易和资本交易中被私人作为载体货币使用，也被官方作为干预货币，用于市场干预和平衡国际收支。其二，记账单位职能，国际货币充当私人部门商品和金融交易的计价货币，同时也被官方部门用于确定汇率平价，作为汇率钉住的驻锚货币。其三，价值贮藏职能，国际货币以投资货币形式在私人部门选择金融资产时被使用，对官方部门而言就是持有以它计价的金融资产作为储备货币。根据 Kenen 在 1983 年最早提出的国际货币功能的定义，Chinn 和 Frankel（2005）编制了国际化货币功能表。根据他们的分类，一种货币要成为国际货币，其至少要能为国内外居民提供价值储藏、交易媒介和记账单位的功能。上述功能也可以分为私人用途和官方用途两个层次。就私人用途而言，它可发挥货币替代、外汇市场交易、贸易和金融交易计价与结算的功能；就官方用途而言，国际货币可用作官方储备货币、外汇干预货币以及锚货币。后者与前者相比，主要还进一步将外汇市场纳入了考量范围，这种观点与 IMF 与 BIS 的做法一致。不过，在人民币国际化现有的初级阶段，这种分歧显得并不重要。

2.1.3 影响因素

长期来看，决定一国货币成为国际货币的最主要因素仍然是一国的宏观经济状况。经济学家 Bergsten 和 C. Fred（1975）的一系列实证研究表明，货币国际化的接受程度与一国经济实力的变动紧密相关。在 19 世纪，60% ~90% 的国际贸易以英镑作为计价货币。到“二战”以后，美国拥有了全球黄金储量的 75%，美元顺理成章地取代英镑成为国际储备货币。19 世纪 70 年代，日本成为了世界第二大经济体，之后日元实现了国际化。Eichengreen、Barry 和 Frankel（1996）的实证研究表明，一国 GDP 占全球比重每增加 1%，将带来以外汇储备形式持有的该货币增加 0.55%。Matsuyama、KIyotaki 和 Matsui（1993）的研究表明，拥有巨大经济规模的国家的货币更可能成为媒介货币，经济一体化程度和经济开放程度对一国货币在国际交易中的运用也有关键影响；从记账单位的职能来看，Grassman（1973）提出的 Grassman 法则指出，不论出口商国籍，双边贸易中发达国家占据统治地位，经济规模越小则以本币作为出口货币的份额越小；在价值贮藏职能方面，具有代表性的理论（Hayek，1970）认为，货币作为一种资产持有形式，其价值取决于币值稳定性。除此之外，交易成本、汇率稳定性、流动性和金融市场的深度和广度等其他因素也会对一国货币的交换媒介、记账单位以及价值储藏功能产生影响，进而影响货币的国际化进程。

2.2　人民币国际化的研究现状

对人民币国际化问题的研究主要分为两个阶段：早期主要是基于货币国际化理论，探讨了人民币国际化的必要性、可行性、经济效应及战略措施问题；2000 年后，随着人民币在周边国家和地区流通的扩大，特别是中国加入 WTO 和东盟—中国自由贸易区的启动，国内学术界基于区域化的视角深刻剖析了人民币国际化的路径选择与战略措施，取得了较高的学术成就。本节将结合对本研究有启发作用的前人的学术成果进行分析。

探讨人民币国际化对我国经济产生的效应时，国内学者大都以分析人民币国际化的成本收益为切入点。就研究方法而言，除了铸币税等可计量的收益之外，主要是通过定性分析对人民币国际化的收益成本进行研究。

2.2.1 货币国际化的收益

国际货币发行国能够从货币的国际使用中取得的最直接和最可观的收益是国际铸币税。国际铸币税是指当货币流通跨越国界时，货币发行国取得的所发行并输出的货币能够代表的购买力与发行成本之间的差额。Aliber（1964）和 Cohen（1971）等验证了发行国际货币的国家能够获得国际铸币税收入。并且，Cohen 认为一种国际货币所能带来的国际铸币税规模在根本上依赖于该货币的国际地位。当该货币在国际上居于垄断地位时，它会给发行国带来相当大的国际铸币税净收益。反之，当该货币面临其他国际货币的竞争时，国际铸币税净收益就会在一定程度上减少；国际货币竞争越激烈，国际铸币税净收益减少越多。以此类推，假设在完全竞争且资本自由流动的情况下，国际货币发行国就可能很难获得国际铸币税净收益。

曾康霖（2002）关于铸币税的剖析有助于理解这一点。他在文中指出，铸币税是一种债务收入，货币就是债务凭证，货币发行国必须为此债务支付一定的利息。由此推知，就国际货币而言，如果不同的国际货币之间存在着相互竞争的关系，那么发行国就会通过提高债务利率以吸引人们继续持有其所发行的货币；竞争越激烈，债务利率就越高，相应的利息支出也就越多，从而国际铸币税净收益就越少甚至几乎降为零。

曹勇（2002）分析了国际货币何以为其发行国带来国际铸币税收入。他认为国际铸币税的攫取主要依赖于货币的国际储备地位。国际储备货币的输出相当于货币发行国向国外借款，只要货币的国际储备地位存在，债权国持有该货币就是一个连续的过程，持有并滚动展期，续短期为长期，这样该货币充当储备货币的数量就会有一个相对稳定的最低水平。也就是说，有关债权国积累的只是无清偿期限的想象中的债权。他们不会对货币的发行国实现这部分债权。因此，储备货币发行国无须用实际资源来清偿此债务，从而获得了相应的国际铸币税收入。当然，为方便对外支付或取得利息收入，许多储备货币是被存放在发行国银行的，发行国通常支付较低的利息给储备货币持有国。在讨论国际铸币税净收益时，这部分利息支出是要从国际铸币税收入中扣减掉的。

Aliber（1964）认为，国际货币发行国可通过发行本国货币为国际收支赤字融资，增发货币导致本币贬值又可以刺激出口和减轻以本币计值的外债负担。

Eijffinger（2003）指出，国际货币发行国由于其债券市场深度拓展，流动性好，所以能以较低的债务利率发行债券融资，从而获得流动性折价。

Kanan（2009）着重研究了国际货币所带来的福利收益，认为国际货币的购买力因国际使用而得以提高，该货币发行国的贸易条件也因此得到改善，这最终增进了该国的福利水平。

还有的文章认为国际货币在国际交易中被广泛用作计价货币，不仅使国际货币发行国避免了货币兑换和规避风险的成本，而且使大量的国际交易在国际货币发行国进行并为所在国的金融机构带来可观的收益。国际货币被越多的政府与私人所使用，其发行国在国际货币体系中的地位通常也会越高，那么该国在国际货币和金融政策协调中的作用也就越大。

针对人民币国际化而言，主要可能的收益来自于以下几个方面：

首先，人民币国际化可增加我国国际铸币税收入和取得运用境外储备资产投资的金融性净收益。国际铸币税是储备货币发行国因货币输出获得的综合投资收益减去市场存款利息和储备货币的发行成本，经贴现后的现值。此外，国外央行持有的境外储备资产为国际货币发行国的银行体系及其政府提供了巨大的资金来源，这部分收益是运用境外储备资产投资的金融性净收益（汪海涛，2006）。

其次，人民币国际化能降低汇率风险，推动我国对外贸易的发展。在对外经济往来中直接用本币计价、结算，简捷方便，有利于其对外经济往来的扩大（焦继军，2005)，还可以减少国内企业和金融机构在对外贸易和金融活动中使用外币带来的汇价风险（金发奇，2004）。

再次，人民币国际化能加快金融业的发展。金融开放有助于提高中央银行的宏观调控能力，加强货币供应量的调节，建立符合市场需求的银行体制和金融市场体系。外资银行和金融机构的不断涌入势必促使我国银行业的经营管理体制发生变化。

最后，人民币国际化能有效缓解我国国际收支的双顺差，成为控制我国外汇储备的有效途径。王深（2006）指出，东亚国家在出口导向和大量引进外资的增长模式下，积累了大量的外汇储备，大量外汇储备造成了诸多的负面影响。因此中国应大力推动人民币债券在东亚国家和地区的发展，推动人民币的区域化和国际化，最终达到减持外汇储备的目的。彭兴韵（2006）认为，从长远来看，我国应当推进人民币的国际化，让人民币成为国际储备货币之一。只有在人民币成为国际储备货币时，我们才能够更好地控制外汇储备的增长，增强国内经济的灵活性。

2.2.2 货币国际化的成本

国际货币也会使发行国在享受收益的同时承担相应的成本。由于降低交易费用是货币国际化的一个重要条件，国际货币发行国必然不能实行资本管制。由三元悖论可知，在资本自由流动的前提下，货币政策独立性或汇率（对外币值）稳定性受到不同影响是一国因货币的国际使用所必须付出的代价。一国货币国际化后，会降低一国货币政策的独立性及有效性。以美元为例，当美国实施扩张性货币政策缓解衰退和失业时，美国国内利率降低会导致资本流出，货币政策的预期目标很难实现（Bergsten，1975）。Balbach 和 Resler（1980）的研究表明，欧洲美元交易通过影响美国银行的负债构成以及外国商业银行在美国银行的存款，间接地影响了美国货币的存量。但欧洲美元市场的交易没有对美联储控制货币供给的能力构成严重威胁。Frankel（1991）认为，伴随着一国货币国际化的进程，由于外国居民持续对本币资产的需求，会导致本币升值从而影响本国出口企业在世界市场的竞争能力。在20世纪60~70年代，德国和日本政府曾经担忧本国货币国际化后会导致出口减少这一问题。Tavalas（1998）分别在固定汇率体系和浮动汇率体系下分析了货币国际化的成本，认为在盯住汇率制下，外国居民的偏好转移可能会导致大量的资本流动，这会破坏货币当局控制基础货币的能力并影响国内的经济活动；在浮动汇率之下，外国居民的偏好转移会导致汇率的剧烈波动，也会对国内的经济活动产生影响。

针对人民币国际化进程可能带来的成本，我们也做如下分析：

首先，人民币国际化最大的成本是使我国面临一系列政策的“两难”，而“两难”问题将使政策的自主权受到极大削弱（姜克波、张青龙，2005）。其次，人民币国际化将约束我国汇率政策的选择范围。我国政府必然会采取保持人民币币值稳定甚至是稳步升值的政策，以提升人民币在国际上的声誉，这就是维持国际货币声誉的信心成本（孙修修，2002）。再次，我国国际收支调节政策将面临困境。20世纪70年代以后，美元作为主要的国际储备货币，美国通过大量的贸易逆差来继续输出美元，大量贸易逆差形成的对外债务和债务利息使美国背上了沉重的负担（焦继军，2005）。人民币实现充分国际化后，必然会面临特里芬难题。最后，人民币国际化使我国面临投机的冲击，加大我国金融体系的不稳定。若受到投机攻击时我国没有必要的实力和准备，就会发生危机，遭受重大损失（赵海宽，2003）。人民币流出国外，人民币造假问题也会相对于人民币国际化前更为严重，因此需要投入更多的人力和财力防打假，否则将危及人民币的国际信誉（金发奇，2004）。

第3章
人民币国际化的背景、经验与路径

“天下大势，合久必分，分久必合。”用这句话形容变动中的国际货币体系毫不为过。自20世纪40年代布雷顿森林会议上英美两国激烈争论，到固定汇率体系坍塌，随后全球进入动荡飘摇的牙买加时代，这期间，关于国际货币体系改革的呼声从没有间断过。酝酿已久后，货币体系的诸多问题再次在2008年全球金融危机中集中爆发，这似乎恰好印证了新制度学派大师加尔布雷斯的一句名言：“历史上货币一直困扰着人们。要么很多却不可靠，要么可靠但又稀缺，二者必居其一。”

推行人民币国际化战略肩负了货币体系变革的历史使命。如何适时、适度地推进人民币国际化，并控制进程中的金融风险成为了当前的政策难题。本章将从宏观视野上探寻人民币国际化的经验、趋势与机遇。

3.1 主要的国际货币

所谓国际货币，是指在金融资产、商品与服务贸易的国际交易中用于计价和

结算的货币，并且被私人经济部门和货币当局持有作为国际流动性资产和储备资产。而货币国际化，一般是描述一种货币从本国货币变成国际货币的过程。

在现行的国际货币体系中，美元、欧元、英镑、日元是四种最主要的国际货币。具体来看，在国际储备货币构成中，以2012年美元价格计，前四位分别是美元（占61.9%）、欧元（占23.9%）、英镑（占4%）、日元（占3.9%）。伴随着美元与欧元等主要货币占比下滑，其他货币所占比重从1998年的1.5%迅速增长至2012年的6.1%，说明国际货币体系正在经历变革（见表3-1）。2013年4月，IMF自欧元诞生以来，将正式把澳元、加元列入跟踪储备货币名单，预计最快可能在3个月内纳入储备货币名单。而受制于资本项目不可兑换，人民币距离储备货币尚有差距。中国经济规模全球占比11%，对外贸易额全球占比12%。长期而言，若人民币国际化进程和相关的配套改革得以有序推进，人民币有希望在未来崛起为全球主要的储备货币。

表3-1　世界外汇储备构成状况

年份	世界总储备（亿美元）	报告国家储备（亿美元）	占比（%）				
1998	16438	12824	69.3	17.0	2.7	6.2	1.5
1999	17819	13797	71.0	17.9	2.9	6.4	1.5
2000	19363	15182	71.1	18.3	2.8	6.1	1.4
2001	20497	15696	71.5	19.2	2.7	5.1	1.3
2002	24080	17960	67.1	23.8	2.8	4.4	1.7
2003	30251	22232	65.9	25.2	2.8	3.9	2.1
2004	37484	26552	66.0	24.8	3.4	3.8	1.8
2005	43202	28436	66.9	24.1	3.6	3.6	1.6
2006	52517	33156	65.5	25.1	4.4	3.1	2.1
2007	67000	41194	64.1	26.3	4.7	2.9	2.4
2008	73383	42101	64.1	26.4	4.0	3.1	2.1
2009	81632	45623	62.1	27.6	4.3	2.9	3.7
2010	92586	51235	61.5	26.2	4.0	3.8	4.9
2011	102018	56432	62.3	24.7	3.8	3.6	5.4
2012	109363	60828	61.9	23.9	4.0	3.9	6.1

资料来源：IMF。

在全球支付货币中，随着中国对外贸易和投资的迅速增长，人民币的地位迅速提升。根据环球银行间金融通信协会（SWIFT）统计，以人民币结算的贸易融资与投资份额从2010年的第35位跃升至2013年2月的第14位，占支付业务整体市场份额的0.59%，创下历史新高。排名前5位的分别是欧元、美元、英镑、日元和加元。2012年，中国对外贸易的12%以人民币结算。按中国对外贸易额3.87万亿美元去估算，保守估计未来5年内1/3的贸易结算将使用人民币，届时人民币有望跻身为全球第三大支付货币。

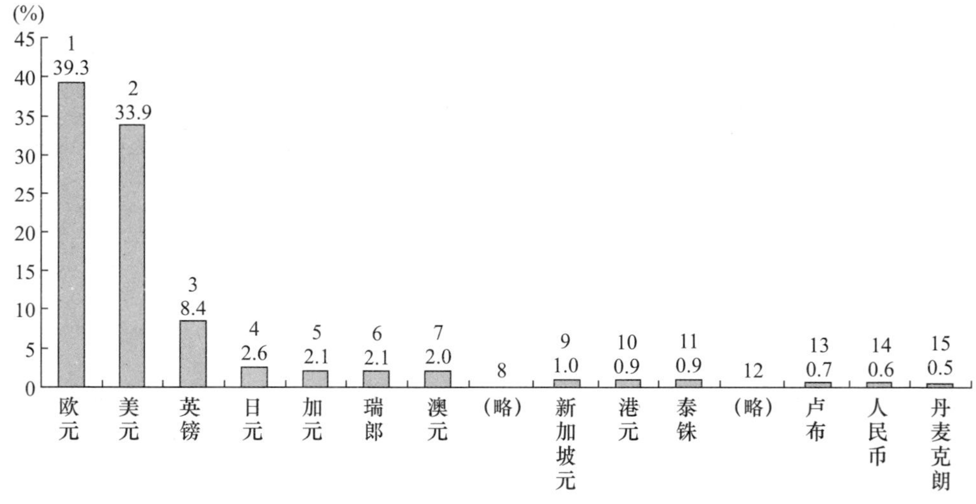

图3-1 人民币作为全球支付货币的排名（2013年2月）

资料来源：SWIFT。

3.2 人民币国际化的理论背景与驱动因素

3.2.1 人民币国际化的独特背景

人民币国际化是在本国实行资本管制的背景下进行的，人民币是先在境外实

现全面可兑换后进而最终在境内实现全面可兑换，显然，这种人民币国际化的路线图有别于本币首先在境内，进而同时或随后在境外实现全面可兑换的传统路线图。通过人民币的国际化倒逼其他更多方面的改革，进而推动人民币的可兑换、资本账户的开放，中国在走一条前人没有走过的道路。

首先，人民币汇率存在升值预期固然使外国人愿意持有人民币资产，但是我国在推动人民币国际化初期所面临的种种问题也都与其密不可分：正是人民币升值预期导致外国人不愿意拥有人民币负债，才使得境外出口商不愿意以人民币作为结算货币，境外机构不愿意借入人民币从而导致离岸人民币利率低于境内。在目前的汇率机制下，人民币事实上采用美元为锚，在功能上不过为“第二美元”，长远来看，它是难以独立地发挥货币职能的，很难广泛地被接受作为国际间的价值标准、交易媒介和价值储藏。

其次，双顺差体现了中国当前经济增长方式下的经济开放特征：一方面，我国通过引进 FDI 来提高产能和总供给；另一方面，又通过出口拉动总需求来消化产能。而按照货币国际化的规律，在国际化初期，只有一国经常项目逆差或资本项目逆差才能使外国人获得越来越多的本币，满足其持有作为国际货币的需要。这意味着，一方面，人民币国际化必然要求中国改变目前国际收支双顺差的格局；另一方面，中国必须至少要从经常项目逆差或资本项目逆差中选其一作为输出人民币的通道。

最后，美元已经过度承担了与其国力不相称的国际货币职能，这不仅给对世界各国带来了诸多灾难，也使美国经济运行不堪重负。人民币国际化，与美元等共同分担国际货币职责，有利于现行国际货币体系的运行，也符合美元的利益。

3.2.2　人民币国际化的两类驱动因素

一般认为，在国际货币的三大职能之中，交换媒介职能是其在国际贸易与国别经济发展中的原动力，相比其他的职能是最基础的。经常性贸易是基于交换媒介与记账单位这两种职能；资本项下的需求主要由投融资产生，在货币职能上对应着交换媒介与价值储藏。然而，经常性贸易需要保持国际货币的安全性与流动性，要求币值维持稳定；金融投资则突出国际货币的盈利性，需要币值稳中有升。两大需求所对应的三种职能间存在着一定矛盾。如何在保持国际货币在全球市场上充分的流动性的同时维持盈利性，令投资者乐于持有，这成为一国货币国际化进程中应当妥善处理的一个重要问题。

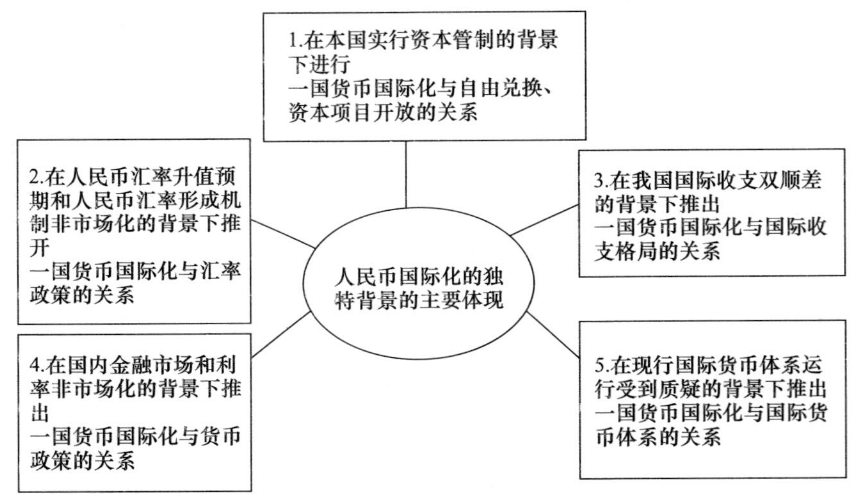

图 3－2　人民币国际化的独特背景

单纯从贸易项下推动货币国际化，将使两种职能之间的矛盾更为突出。这也是所谓的“贸易逆差悖论”。一国贸易项下长期顺差，导致海外净负债减少，央行持有的外币债权远远多过海外负债，因而本币国际化供应不足。相反，持续贬货币又无法真正成为国际货币。当贸易项下转变为逆差，则作为国际货币的价值贮藏的职能缺失，造成非居民的持有动机不足。因此，如果资本项目不开放，仅仅依赖贸易项下推进货币国际化进程将难以为继。

从资本项下推动货币国际化可以避免上述“悖论”。例如，海外直接投资

（ODI）同时增加了海外的资产与负债。本币表示的总负债上升了，但并没有伴随净负债的增加，本币国际化的程度同样上升了。另外，海外资金直接投资内地（本币 FDI）这种形式的投资相当于把海外本币存款转化成另一种形式的债权（如债券），海外负债在形式上转变了，但总额及净负债都没有变化，货币国际化的程度也维持不变。仅在出现净负债的前提下，央行才必须在外汇市场上卖出本币以购买他国的货币来支付出口国的债务，带来本币贬值的压力。长期来看，资本项下的直接投资资金流动并不会带来币值变动，以此来推动货币国际化理应可以避免“贸易逆差悖论”。

我们认为，货币国际化、汇率稳定二者与贸易收支确实存在着相互依赖与制约的关系，但与资本项目收支并无直接关系。利用贸易逆差输出货币可能带来国际收支失衡，汇率贬值等问题，以资本项下的直接投资输出就能避免。海外直接投资并不带来一国海外净负债额增加，并能保证在本币稳定升值的通道中逐步扩大海外货币存量。

3.3 人民币国际化的现实背景

全球金融危机爆发以来，以美元本位为主的国际货币体系受到了普遍的质疑。与此同时，中国在这一时期迅速崛起，国际影响力逐步提升。随着我国经济综合实力的增强，人民币国际化也在贸易、投资、国际储备等诸多领域迈出了坚实的步伐，不断增强国际市场的认可度与接受度。

3.3.1 跨境人民币贸易结算快速增长

2009 年 7 月，央行等发布《跨境贸易人民币结算试点管理办法》，开始在上海、广州、深圳、珠海、东莞5个城市启动跨境贸易人民币结算试点，首批试点企业365家。2010年6月，跨境贸易人民币结算的境外地域由最初的港澳和东盟地区扩展到所有国家和地区，同时试点地区也扩展到全国20个省、市、自治区，试点业务范围也扩展到货物贸易之外的其他经常项目结算。

在政策支持和市场需求的合力推动下，人民币跨境贸易结算量不断加速增长。2009年结算金额为35.8亿元，2010年全年结算金额为5063.4亿元，2011年结算量更是达到了2.08万亿元。截至2012年末，全国银行办理的经常项目下人民币结算金额达到2.94万亿元。与此同时，人民币已经成为中国主要的跨境贸易结算货币之一。中国对外贸易中以人民币结算的比例已从2009年底的0.04%大幅增加到2012年的12%。

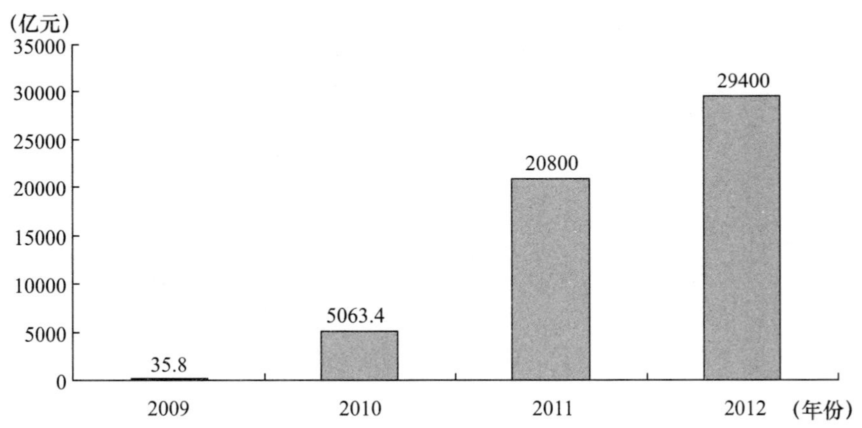

图3-3　人民币贸易结算金额

资料来源：Wind。

3.3.2　跨境人民币直接投资和证券投资启动

随着中国经济的高速增长和全球化程度的不断提高，外商直接投资（FDI）

和对外直接投资（ODI）大幅增长，尤其是以人民币计价的投资成为近年最为活跃的部分。2011年1月和10月，中国人民银行先后公布《境外直接投资人民币结算试点管理办法》和《外商直接投资人民币结算业务管理办法》。获准的境内企业可用人民币进行境外直接投资，境外的企业和个人也可按规定使用人民币来华开展直接投资。2012年，人民币FDI和ODI分别占总量的35%和6%，比2011年各自12%和4.5%的份额均有明显提升。

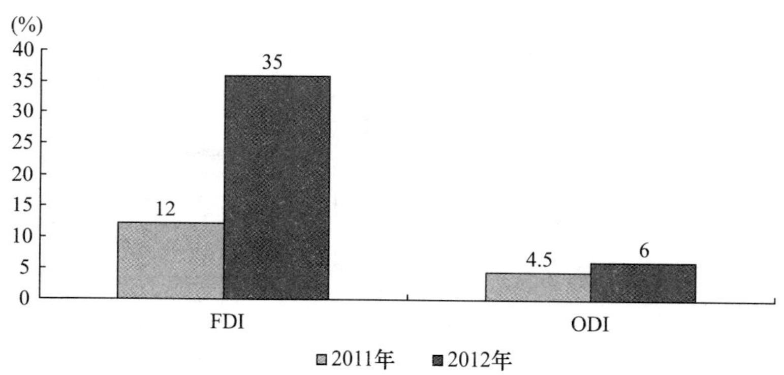

图3－4 人民币FDI和ODI比重正在上升

资料来源：Wind。

2010年8月，境外央行、港澳清算行、境外参加行三类机构被允许运用人民币资金投资银行间债券市场。2010年10月，商务部正式推出人民币外商直接投资业务，央行允许境外投资者和银行办理相关人民币结算业务。此举增加了人民币回流通道，也活跃了离岸人民币债券市场。2011年12月，人民币合格境外机构投资者（RQFII）制度开始试点，符合资格的境内基金管理公司、证券公司的香港子公司，可以运用在香港募集的人民币资金投资境内证券市场，规模已从最初的700亿元扩大到2700亿元。同时，QFII的总投资额度提升至800亿美元，并呈加速增长态势。

3.3.3 货币互换规模扩大

自2008年12月与韩国央行签署首个货币互换协议之后，中国人民银行已经与19个国家（或央行）达成了货币互换协议，总金额超过2万亿元。通过签署本币互换协议，人民币可通过官方渠道进入对方的金融体系，促进人民币结算和流通效率的提高。目前已有部分互换协议进入实质启用阶段，起到了缓解流动性紧张、促进双边贸易和投资发展、维护区域金融稳定的作用。签署双边本币互换协议的主要有如表3－2所示的央行货币当局。

表3－2 人民币双边货币互换协议（截至2013年3月15日）

<table>
<tr><th>签署时间</th><th>央行/货币当局</th><th>互换金额（单位：亿元）</th><th>备注</th></tr>
<tr><td>2009－1－20</td><td>中国香港金融管理局</td><td>2000</td><td rowspan="8">有效期三年，经双方同意可以展期</td></tr>
<tr><td>2009－3－23</td><td>印度尼西亚银行</td><td>1000</td></tr>
<tr><td>2009－4－2</td><td>阿根廷中央银行</td><td>700</td></tr>
<tr><td>2011－4－18</td><td>新西兰储备银行</td><td>250</td></tr>
<tr><td>2011－12－22</td><td>泰国银行</td><td>700</td></tr>
<tr><td>2012－1－17</td><td>阿联酋中央银行</td><td>350</td></tr>
<tr><td>2012－3－22</td><td>澳大利亚储备银行</td><td>2000</td></tr>
<tr><td>2013－3－26</td><td>巴西中央银行</td><td>1900</td></tr>
<tr><td>2011－10－26</td><td>韩国银行</td><td>3600</td><td rowspan="4">续签并扩大互换规模</td></tr>
<tr><td>2011－11－22</td><td>中国香港金融管理局</td><td>4000</td></tr>
<tr><td>2012－2－8</td><td>马来西亚国民银行</td><td>1800</td></tr>
<tr><td>2013－3－7</td><td>新加坡金融管理局</td><td>3000</td></tr>
</table>

资料来源：中国人民银行网站。

从货币互换的时间线路图看，央行遵循了从周边贸易伙伴到新兴市场国家、关键地区再到西方国家的渐进路径。互换操作中也不乏金融创新。支持将互换资金用于贸易融资，期限设定为三年等，都是创新做法。这些创新可以推动双边人民币贸易结算与投资，使对方货币注入到本国金融体系，作高能货币使用。

3.3.4 离岸市场快速发展

人民币国际化最能体现在离岸人民币市场的发展中。除了作为全球最大的人民币离岸中心的香港之外，伦敦、新加坡、中国台湾等离岸人民币市场自2012年以来飞速发展。

在人民币发展的进程中，香港扮演着主要的角色。2004年2月，香港以试点形式推出个人人民币业务；2006年以后，正式在香港开展人民币业务，各种人民币金融产品不断增加。2010年7月19日，中国人民银行与中国香港金融管理局签署了修订后的《香港人民币业务清算协议》。香港市场上的人民币存量规模迅速增加。自启动跨境贸易人民币结算试点至今，虽然经历一些市场起伏，香港银行业的人民币存量从不足560亿元增长至2013年2月底超过6500亿元，其主要来源是与境内企业跨境贸易结算的人民币资金。2012年3月人民币存款已占全部香港银行存款的10%左右，成为除港元和美元之外的第三大货币。与此同时，香港经营人民币业务的认可机构从32家左右增至140家（见图3-5）。

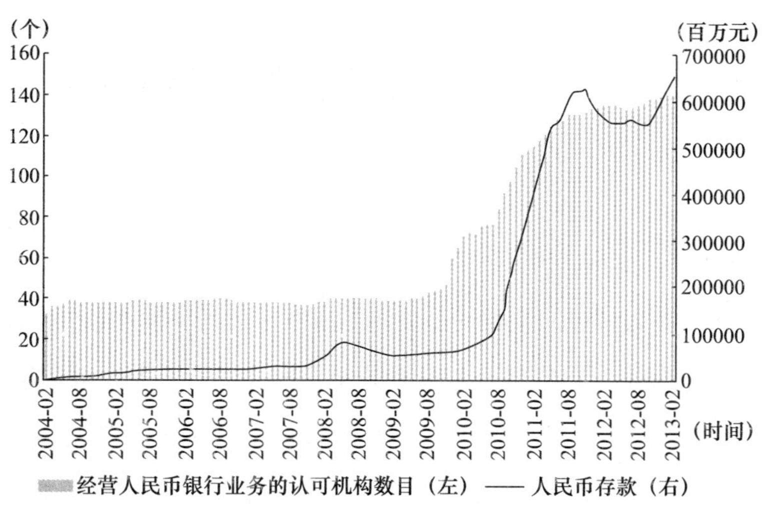

图3-5 香港人民币存款及经营人民币业务机构

资料来源：Wind。

另外，香港市场上人民币业务的类型日益丰富。除了人民币存贷款等传统业务之外，还取得了多方面的明显进展：一是香港人民币债券发行主体渐趋多元化、发行规模逐年扩张。债券产品的发展尤其引人注目。2007 年国家开发银行首次在香港发行人民币债券，2010 年麦当劳在香港发行人民币债券，均引起香港各界关注。截至 2012 年底，香港金融市场人民币产品种类达到二十余种，香港人民币存款和存款证分别达到 6030 亿元和 1172 亿元，合计 7202 亿元。在港发行的人民币债券累计达到 2200 亿元。二是香港金融机构也纷纷推出以人民币计价的各类理财产品，包括与利率和汇率挂钩的结构化产品、保险产品、债券基金等。三是在港交所推出人民币计价的证券产品。2011 年 4 月首只以人民币计价的“汇贤产业信托”在港交所挂牌交易。2012 年 10 月，首只以人民币和港元计价的双币双股“合和公路”的 1. 2 亿元配售新股开始在港交所交易。四是 2011 年 12 月 RQFII 开始试点。香港的人民币持有者开始可以通过 RQFII 来投资在岸的债券和股票市场等。

3. 4　一国货币国际化的国际经验

“以史为鉴，可以知兴衰”。几个主要的储备货币（美元、欧元、德国马克与日元）走出了各具特色的主权货币国际化之路。在货币国际化的前期，三者都经历了经济实力增强（总量攀升、贸易顺差、投资增长）与金融市场发展（规模、深度、开放度）的阶段，但成败得失不尽相同。当前，我国已经基本具备了推动货币国际化的经济背景，但后期所选择的模式和依赖的路径却值得我们深入思考。

3.4.1 美元国际化的历程与基本模式

从美国经济超越英国成为世界第一强国，到美元最终取代英镑成为世界最主要的国际货币。这是一个经历了数十年的漫长过程。

工业革命以后，英镑凭借英国强大的经济实力和发达的金融体系，长期作为世界上最主要的国际货币。但是，到了19世纪末，世界出现了经济多极化的趋势。美国、法国和德国等国家凭借后发优势与成本优势迅速崛起。至1894年，美国的GDP就已经超过了英国，跃居世界第一位。至1913年，美国的工业产值相当于英、法、德三国之和。在1868年前，美国还处于贸易逆差状态。至1913年，美国年均贸易顺差已经达到5.7亿美元。到1929年，美国在世界贸易中占比14.2%，首度超越英国。在“一战”之后，通过向交战国提供资金以支持战后重建，美国成为世界上最大的债权国。此时美国不仅拥有了世界黄金储备的40%，而且美国国民拥有的财富已经达到5000亿美元，超过了整个欧洲各国财富之和。“二战”之后，英国和欧洲的经济再次受到打击，美国完全成为了世界经济、金融和军事的霸主。此时，美国工业产值占世界工业产值超过50%，进出口贸易占世界贸易额30%强。20世纪50年代初，西欧经济贸易已恢复至战前水平，此时美国提供的借贷资金占全球借贷市场资金总额的78.4%，在50年代末更是达到战前的两倍。利用两次世界大战的战略时机，美国适时地推动本国金融资本扩张，构建美元本位的国际货币体系。在马歇尔计划的帮助下，美元核心国际货币地位的确定是一个必然结果。美国利用美元结算援助欧洲，趁机推广以美元计价的国际债务，逐步推广美元、排斥英镑，渗透欧洲，最终实现了欧洲清算同盟中美元结算的目的。之后德国、日本经济复兴，对美国的贸易取得了巨额的顺差。国际收支失衡状况一直持续下去，直到1978年4月《牙买加协定》生效。这宣告了布雷顿森林体系解瓦解，国际货币体系从“美元—黄金本位制”过渡到“美元本位制”。美元在官方外汇储备中的比重在1990年降至历史最低点，之后逐步回升，稳定在国际性储备的60%左右。1990年，美元经济经历了历史上最长的增长期，并且通货膨胀率降低至历史最低点，财政赤字状况得以改善。美国长时期作为世界最大的经济体、贸易体和FDI吸引国家等，都进一步提升了美元的国际地位。

回顾美元国际化的历程，美元国际化伴生于国际金本位制度向现代信用货币制度发展的过渡环节，具有历史的特殊性与独特的发展模式：

首先，资本输出成为前期推广美元的重要手段。在美元国际化长达半个世纪的漫长过程中，我们可以看到美国在商品贸易领域取得绝对优势之后，才逐步谋求金融领域的发展。在货币国际化初期，通过资本项目逆差与经常项目顺差组合实现本币输出。在货币国际化成熟期，形式改变为贸易项目逆差与资本项目顺差组合。在德国与日本获得这些贸易顺差，积累大量的外汇储备的同时，美元作为国际货币的流通范围也扩大了。美元同步贬值，美国通过发行世界货币获取了铸币税。

其次，完善的金融市场和丰富的金融产品为美元长期作为最重要的国际货币奠定了基础。美元之所以在20世纪迅速跻身国际货币之列，一个关键的原因是美元的金融市场具有深度、广度和流动性，其包括股票、债券、衍生品、外汇交易等丰富的金融产品，并不断创新，可满足投资者储备和投资等各种需要。事实上，美元在国际化过程中迈出的最重要一步，是银行愿意在交易时接受以美元计价的商业承兑汇票。美联储要求联储系统各地区分行购买承兑汇票。储备银行购买承兑汇票可以稳定和降低贴现率，因此促进了市场的发育。到了20世纪20年代，在美国的所有进出口贸易中，就已经有一半以上是通过银行承兑汇票用美元结算。

最后，欧洲美元市场对美元的国际化起到了明显的推动作用。欧洲美元市场的形成巩固了美元国际化的基础。美国国内严格的金融监管使大量资金流入离岸市场。由于离岸业务游离于在岸金融监管法则之外，并且可以享受豁免利

息所得税、准备金要求等多重优惠。这使得欧洲货币市场可以比境内美元市场享有更小的利差与更大的货币乘数，充分地保证了境外美元的流动性。长期来看，正是依赖于离岸市场这种体外循环模式的建立，美元国际化程度才得以持续提升。

3.4.2　德国马克及欧元国际化的历程与基本模式

早在1954年以前，联邦德国面临着外汇储备的短缺，对于贸易进出口实行严格的结售汇制度，并且规定在不同的地区实行差异化的项目管理。但随着联邦德国经济复苏以及对外贸易的日益扩大，它在1954年底实行自由货币与非自由货币两个区。在自由货币区内，须以美元、加元和瑞士法郎等自由兑换货币与联邦德国进行清算；而在非自由货币区内，须在有限制的兑换马克项目基础上进行清算。1958年12月，联邦德国宣布实行有限度的货币自由兑换。随着联邦德国经济与贸易的进一步发展，在1959年1月，联邦德国宣布马克实行经常项目自由兑换。联邦德国马克、外国货币及其他支付手段均可以自由携出；居民与非居民的资本也可以自由流动。20世纪60年代开始，联邦德国开始通过区域经济合作来巩固货币国际化。在冷战格局下，联邦德国为了寻求政治与经济上的独立空间，与欧洲五国在1957年签订《罗马条约》，发展自由贸易区，创建了欧洲经济共同体，并于20世纪60年代创设关税同盟，实行共同的农业政策。在1965年，该六国签署了《布鲁塞尔条约》，并将之前创立的煤钢、原子能和经济三个共同体合并，形成了欧洲经济共同体。接下来的20年，联邦德国借助区域货币一体化实现联邦德国马克的国际化。1970年，欧共体六国实行稳定汇率的“蛇形浮动”机制，并在1979年建立起欧洲货币体系，联邦德国马克在其中扮演中心货币与名义锚的角色。伴随着货币一体化进程，马克在国际储备体系中的地位不断提升，联邦德国于1984年实行了资本项目的自由兑换。1989年，欧共体签署了《欧洲联盟条约》，走上了政治、经济一体化的进程，形成了统一大市场，统一的央行，统一货币“欧元”。这意味着经过长达半个世纪的努力，联邦德国最终成功地实现了货币国际化。

从上述历程可以看出，联邦德国为货币国际化提供了一种新的路径选择。它走出了一条通向区域性制度合作的“集体行动”实现货币国际化的道路。联邦德国央行对于马克的国际化并不积极，却热衷于通过推动区域货币合作实行马克国际化。这是因为，联邦德国的国际贸易具有明显的区域化倾向，稳定在30%左右的出口是面向欧洲地区的。它的贸易集中度高，同欧洲地区相对稳定的贸易联系，内在地促进了欧洲区域贸易一体化的进程。联邦德国与相关国家通过积极的政策协调和推动，从贸易一体化到货币一体化，直至创设统一的货币。这是三大世界货币中完成国际化所用时间最短的。当然，这与欧洲各国相似的文化、历史背景不无关系，但更重要的是在国际环境下各国共同的政治、经济目的。其给世界各国其他货币的基本启示是：让渡货币主权形成区域共同体统一货币，必须以共同的政治、经济利益为基础，以相近的文化为纽带。

3.4.3 日元国际化的历程与基本模式

1950~1960年，日本经济的高速发展为日元国际化奠定了坚实的基础。日本借助美国在朝鲜与越南战争中的军事订货，大力发展外向型经济与高技术产业，于1968年，经济总量超过英国，成为世界第二的经济大国。1960年，日本大藏省将日元列为对外贸易结算货币，并允许非居民开设“自由日元账户”持有日元，并放松外汇管制。日本在1964年实行日元经常项目下的自由兑换，在1973年成功地实行了浮动汇率制。20世纪70年代以后，随着日元国际地位的提高，欧洲逐渐形成了欧洲日元市场，即由在日本以外的存款机构持有日元存款，其地理范围很广，在伦敦、新加坡、中国香港、纽约等地都有交易，但其中以伦敦最为重要，占全部市场份额的60%左右。在1979年，日本修订《外汇法》，放松对资本项目的管理，并在1986年设置东京离岸金融市场。《广场协议》后，日元升值带来日本财富激增，经济规模也与美国空前接近。1990 年，在日本进出口额中，按日元结算的比重各为 14.5% 和 37.5%，分别比 1980 年提高了 12.1 个百分点和 8.1 个百分点。[①] 在当时世界各国的外汇储备中，日元的比重曾高达 8% 以上，是英镑的 2 倍。

20 世纪 90 年代后，日本自身金融受到重创和国际市场对日元的信心大跌阻滞了日元国际化道路的进程。日本巨大的股市、楼市泡沫破灭，造成了日本高达 6 万亿美元的财富损失。日元的大幅贬值导致了产业空心化的局面，日本经济进入了“失去的十年”。此时，日本的汽车工业出口下降 20%，海外生产比率由不足 3% 上升到 14%。1990 ~ 1996 年，日本破产企业年均高达 14000 家左右。对外贸易中按日元结算的比重下降，到了 2000 年时为 36.1%，已经退回至 20 世纪 80 年代中期的水平。国际外汇储备中日元的比重最低退回到 3% 左右的水平，金融交易中计价货币比重不足 7%，都大大低于 20 世纪 80 年代。

总的来说，日元国际化的模式特点是日本经济以制造业为基础，通过贸易顺差积累外汇，在本币升值和金融市场化改革的背景下推动货币国际化，与今天中国所处的发展阶段十分类似。回顾历史，今天日元在国际货币体系中的地位远未达到 20 世纪 80 年代日本政府设计的远景目标。除了泡沫经济破灭和经济长期衰退等主要原因之外，以下一些日元国际化的经验和教训，对于中国具有十分重要的参考价值。

首先，日元国际化并未在亚洲周边国家得到广泛的认可。在 20 世纪 80 年代，日本政府有意推动亚洲各国与日本进行贸易结算，并着重在进口信贷、出口信贷方面加强日元的计价职能。然而，日元处于快速升值的通道中，离岸日元难以产生信贷功能，而是以各种形式迂回回流境内，并未明显增进外国持有和运用日元资产的需求。比如，日本政府曾希望通过香港来扩大亚洲地区使用日元的比

① 夏斌．美日德货币国际化的经验［J］．中国企业家，2012.

例，香港对日本银行业的负债在 1994 年曾经高达 70%，但这些资金并没有流向其他国家，也没有能够扎根香港资本市场，大部分资金又通过日本的海外分行回流到日本或直接借贷给日本企业。

其次，日本对离岸市场的控制过于严格，导致离岸业务缺乏国际性。日本大藏省国际金融局认为，欧洲日元债券规模大增将对日本经济带来负面影响，有必要采取数量控制。它规定日本机构发行欧洲债券需事先得到《外汇法》许可，且只能由日本证券公司作为主承销商。在 1986 年，日本模仿美国推出了在岸式离岸市场（JOM），但实行了比美国更为严格的监管措施。它规定参与者限定于获得大藏省批准的外汇银行，本国企业的海外分支机构与个人不得列入交易对象，同时还严禁在该市场上进行债券与期货交易。这种过分重视与国内市场平衡的做法导致日元离岸业务缺乏国际性。

再次，日本贸易结构与计价权缺失造成日元的先天劣势。近 20 年中，日本进口贸易中国际大宗商品比重一直高达 40% ~50%。日本虽然是贸易大国，但在国际贸易中却无法掌握计价权，以本币计价的贸易、金融产品所占比重不高。日本试图通过贸易结算来推动日元国际化影响力，然而因为贸易依存度不断提升的亚洲地区受制于作为产品最终需求国的欧美国家，被迫使用外币进行计价。

最后，日本国内金融市场发育严重滞后限制了日元国际化。相比其经济发展水平以及实体经济的国际化，日本的金融体制严重滞后，资本市场依然处于相对封闭状态，国际化水平不足。在债券市场上，90% 以上日本政府的债务是由本国居民持有，面向非居民的发债额是发达国家中最少的。为了规避国内的管制，降低高额的费用，避免烦琐的程序，日本企业界往往愿意去欧洲市场发债融资。股票市场上，在东京证券交易所上市的外国公司比重很低，在 1991 年最多时有 129 家外国公司，占总市值的比重达 7%。到 2009 年 6 月底，东京证券交易所总共有 2364 家上市公司，而外国企业仅有 15 家。

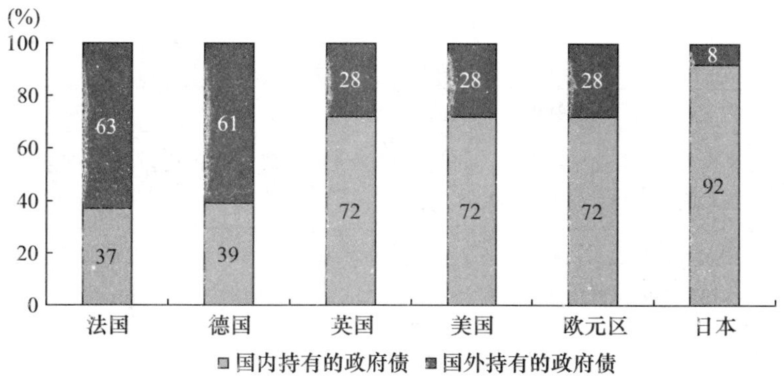

图 3-6　发达国家政府债务持有人结构（2011）

资料来源：IMF。

3.5　人民币国际化的可能路径和重点领域改革

人民币国际化与中国的宏观经济背景息息相关。在 2002～2012 年这十年里，中国对外贸易以平均 20% 左右的速度增长，是同期全球贸易平均增速的 2 倍之多。2012 年，中国对外贸易额超越美国跃居世界第一。此外，中国还是世界最大的吸引 FDI 的发展中国家。鉴于中国日益提升的经济实力，人民币国际化实属期待已久。与此同时，人民币国际化是一项系统工程。表 3-3 给出了人民币国际化的一些主要宏观背景。

表 3-3　人民币国际化的宏观背景

决定因素	现　　状	优劣
经济总量	2012 年中国 GDP 为 8.2 万亿美元，占世界 11%，仅次于美国	优势
贸易规模	2012 年中国贸易额 3.87 万亿美元，占世界 10.5%，仅次于美国	优势
外部性	国际货币仍以美元和欧元为主，人民币仅在周边国家和地区应用较多	劣势
资本流动	尚未实现资本项目自由兑换，跨境投融资仍需个案审批	劣势

续表

决定因素	现　状	优劣
交易成本	在全球范围内交易量极小，交易成本较高	劣势
通货膨胀	中国没有实行通胀目标制，同欧美国家及实行通胀目标制国家相比，通胀不确定性与潜在压力较大	均有
汇率稳定性	2005 年汇改以后，人民币兑美元呈现缓慢升值的趋势，近年来双向波动性逐步增强，但总体幅度不大	优势
金融市场	人民币金融市场的深度、广度和流动性整体不足。债券市场规模很小，品种欠丰富；资本市场波动性较大，制度有待完善，投资者信心不足；期货、外汇等衍生品市场发展滞后	劣势
定价能力	出口产品多为初级产品和加工贸易，厂商无定价能力	劣势

资料来源：作者整理。

应对国际化的路径和进程中可能出现的各种问题，需要一个大的框架和阶段性的把握，其中一些领域的改革亟待突破。并做好利率、汇率、资本账户、对外贸易、离岸中心建设等一系列配套改革。

3.5.1　人民币国际化的顶层制度设计

人民币国际化的进程，也是对传统的货币国际化理论与历史经验的一项挑战。顺利推进人民币国际化进程将对货币国际化理论的丰富做出贡献。鉴于蒙代尔（Robert Mundell）的三元悖论：①货币政策的独立性；②汇率的稳定性；③资本的完全流动性，三者只能选其二。其中满足①+②的典型是中国。中国通过放弃了资本项目流动性取得了汇率稳定与货币政策独立的成果，但目前贸易项下注入的大规模外汇占款也逐渐压缩了货币政策的空间。满足②+③的典型是香港。香港的货币局制度使其能在盯住美元的基础上实现跨境资本流动，为香港成为国际金融中心提供了条件。当局发行的货币必须有外汇储备或硬通货的全额支持，这又实际上增加储备货币（美元）的国际化程度。货币国际化较为理想的政策安排是①+③模式。货币国际化要求实现货币政策的独立性与货币完全可兑换两大目标，这意味着必须要放弃固定汇率制度。浮动汇率制不但能放大货币政策的效果，还能有效地将境内、境外实体经济波动的风险隔离。如果一国货币已经实现了国际化，成为了锚货币，还能将国际结算中汇率波动的风险成功地转移出去。

作为资本管制的发展中国家，在实现资本项目开放之前推动货币的区域化以及国际化，在国际上都是史无前例的。三元悖论要求政策安排从①+②模式转变为①+③模式，即在保持我国货币政策自由权的前提下，放弃汇率稳定进而实施资本项目开放。这种政策安排要求人民币国际化与汇率、利率、要素市场改革及资本项目开放统一起来。如何实现三元悖论中顶点转换过程中的动态调整机制，也是对我国决策层的前瞻性与有效性的挑战。依据与人民币国际化相关改革的难易程度及内在逻辑关系，本研究认为在实现人民币完全可兑换（即资本项目开放）前，为了确保进程中金融风险可控，推动人民币国际化的战略应当包括汇率市场化、利率市场化以及要素市场化等重大改革。

3.5.2 人民币国际化路径：两个“三步走”

从国际货币三大职能及其相互之间的层级关系来看，人民币实现国际化的路径有可能要经历三个阶段，可以形象地概括为两个“三步走”，分别对应空间维度和功能维度（见图3-7）。

从空间维度来看，中国国际收支状况以及贸易分工模式决定了人民币国际化应当渐进推进，遵循“周边国际化—亚洲化—国际化”这一进程。人民币周边化随着我国和周边国家（地区）经济往来扩大而强化。在中短期内，人民币跨境使用都将停留在亚洲周边国家（地区）范围之内。通过签署国家和地区间的双边协议和多边协议的形式，我们可以鼓励周边国家（地区）将人民币作为国际结算与投融资的支付手段，并鼓励自由贸易区（或经济圈）内成员将人民币作为储备货币。从目前的跨境使用状况来看，人民币已经基本完成了“周边化”，正处于“亚洲化”的起步阶段，与“全球化”的国际货币相比距离还比较遥远。

从功能维度来看，国际化的人民币需要在国际贸易与金融市场上实现结算货币、投资货币与储备货币三种功能。2009 年人民币作为贸易结算的试点计划可以看作是人民币作为结算货币的里程碑。目前人民币在对外贸易结算中所占比重约为 12%，这与中国作为全球第一贸易大国的地位极其不符。如果在未来 3 年内，中国贸易总额的 30% 以人民币结算，届时人民币将成为全球第三大贸易结算货币。人民币的投资（债务）货币的功能在 2011 年央行公布对外直接投资试点方案后开始逐步实现。中国预计在 2020 年左右开放资本账户及内地资本市场，使人民币成为区域外汇交易对手货币与金融结算货币。

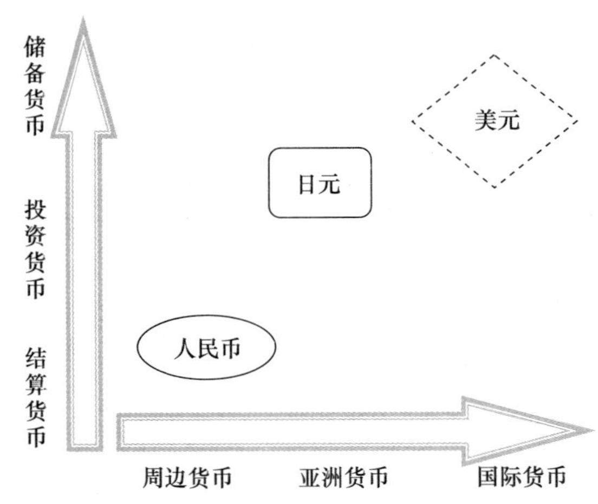

图 3－7　人民币国际化的空间维度与功能维度

资料来源：作者整理。

3.5.3　人民币国际化的相关配套改革

其一，通过汇率市场化形成均衡汇率，以调整产业结构。从三元悖论的顶点

转换机制推出，人民币国际化首先要求放弃盯住汇率制度，推动汇率形成机制改革。2005 年 7 月，央行启动了汇率形成机制改革，在强调“主动性、可控性、渐进性”的原则上，人民币汇率实际踏入了长达 7 年的渐进式升值路程。经过长达 5 年的准备期，已基本纠正产业结构上失真的价格信号。进入 2012 年之后，中国巨额贸易顺差明显收窄，并于 2 月出现了 314.9 亿美元的巨额逆差。[①] 在此背景下，央行 4 月公告称外汇市场人民币兑美元交易价格幅度扩大一倍，日均最大波幅达 2%。这虽然与主流国际货币日均 5% ~20% 的波幅有较大差距，但却提高了汇率的短期波动率，提升了投机资金的日内风险，有利于打破人民币持续、渐进升值的预期。但是每日中间价设定与央行入市操作等主导了外汇市场交易。有真实资金需求的企业部门被排除在批发性外汇市场之外。银行间外汇市场的短期交易动机有误，无法正确地反映市场供求。未来的一个可行路径是：让中间价更多与前一交易日收盘价挂钩；或是扩大市场准入，以做市商报价机制决定中间价。只有利于理顺价格形成机制，增加市场透明度，才能在即期和远期市场形成正常的预期和均衡的汇率。

其二，通过利率市场化理顺资金价格与远期汇率。资金计价机制的理顺，形成反映境内资金真实成本的利率是放开境内金融市场的前提。如果汇率形成机制尚未市场化，而盲目推进金融市场改革，利率政策将继续支持失衡的产业结构，做出错误的资源配置。利率不但在资源配置中起基础作用，同时还是诸多金融产品的计价基准。我国利率水平目前仍然是由央行计划决定，并且保持存款利率下不设底，贷款利率上不封顶的最小存贷利差。2012 年 6 月，央行降息的同时允许存款利率上浮 10%，被视为存款利率市场化的第一步。按照央行设定的利率市场思路，存款利率放开以“先长期后短期，先大额后小额”的渐进方式推进，最终形成以央行基准利率为基础，以货币市场利率为中介，由市场供求决定金融

① 这实际上是 10 年来单月贸易逆差的最大值。

机构存贷款利率的利率形成机制，从而降低社会的融资成本。

其三，通过要素市场化改革降低开放中的金融风险。实体经济长期增长之后，巴拉萨—萨缪尔森效应要求盯住汇率制下的要素价格上涨或者浮动汇率制度下的名义汇率升值。我国要素供给缺乏市场化的机制，在相当长的时期一直加剧了名义汇率升值的压力，使国际收支失衡成为常态。我国一系列管制政策扭曲着要素价格：由于户籍制度造成的劳动力市场分割；土地市场流转机制不顺畅；资本市场上流动性溢价；资源市场上的垄断控制等。人民币的汇率错位的测算均未考虑要素价格的扭曲，导致外汇市场也无法反映真实汇率水平。推进人民币国际化，一旦放开资本项目，资本的逐利性意味着将在商品与金融市场上进行利润最大化配置。此时，我国非市场化的要素供给将导致资源价格信号失真，要素市场容易招致国际资本的冲击，造成经济局部过冷或者过热。

3.5.4 资本项目开放是人民币国际化当前的关键突破口

人民币要成为国际货币，首先要具备的前提条件就是人民币完全可兑换，即对居民与非居民的经常交易与资本交易的支付与转移不做限制。在 1996 年 12 月，我国经常项目已经全部开放。目前，在央行公布总计 40 条的资本项目中，完全不可兑换的仅有 4 条①，基本达到可兑换的项目有 14 条②。从国内外宏观经济环境来看，目前是推动资本项目开放的难得的时间窗口，包括我国经常项目趋于平衡、汇率波动更加灵活并且更加接近均衡水平、人民币在境外使用得到更大认可等，这些有利条件使资本项目开放的步伐可以迈得更大、更快一些。

资本项目开放是人民币国际化中最关键的一步。通过资本项目推动的货币国际化进程具备可持续性。一方面，以直接投资方式流出的资本可以在海外同时形

① 包括机构投资者参与国内货币市场、基金、信托市场以及衍生品交易。

② 包括信贷、直接投资以及直接投资的撤回等。

成债权与债务，扩大了人民币国际化的规模，但又不产生我国对外的净负债，长期来看也不会产生人民币贬值压力；另一方面，根据三元悖论，资本项目开放将使得汇率浮动程度增加，能以汇率的变动抵消贸易收支的失衡，从而在内外经济传导间形成“隔离墙”。此时，如果本币结算在对外贸易中所占比重较大，就能将汇率波动的风险顺利转移至境外。

允许贸易项下人民币跨境流动的政策框架已经基本建立，资本项目的管制目前已经成为了人民币国际化的最大瓶颈。其一，受制于“贸易逆差悖论”，以贸易渠道增加的人民币流动性预计只能达到 2 万亿元左右；其二，作为融资工具，人民币债券的流动性不足，审批程序繁复，使得国外机构缺乏兴趣；其三，从储备货币职能来看，资本项目不可兑换使其缺乏变现能力，不被国际组织承认。

资本项目开放不仅是人民币完全可兑换的前提条件，其改革意义还在于能对国内金融市场化改革起到“倒逼”作用。资本项目的国际收支平衡根本在于国内金融市场的效率与资本回报率的对应。因此，开放资本项目是对国内金融市场化程度与国际竞争力的一次考验。目前，我国实行资本项目可兑换仍然存在一定的制约因素：一是汇率弹性有待进一步增强，打破汇率升值预期与单边升值趋势；二是利率还不能真实反映资金供需关系，容易诱发套利与投机；三是要素市场价格扭曲，容易造成结构性的经济过热、过冷等。

在资本项目完全开放之前推动国际化，必须要将香港人民币离岸市场作为试验田，进而将前海作为跨境资本流动的窗口，如果效果明显且风险可控，再将经验推广至上海市、天津市乃至全国范围。资本项目开放的政策着力点是内地金融市场的国际化，通过放开人民币 FDI、ODI、QFII、QDII 与 RQFII 的方式提升人民币国际化水平。按照渐进化改革的思路，资本项目开放与人民币国际化进程应当同步进行。总体的改革思路是“先流入后流出、先长期后短期、先直接后间接、先机构后个人”。根据中国人民银行公布的资本项目开放路径，人民币国际化进程与资本项目开放将是一场为期十年的渐进式改革进程（见表 3－4）。

表 3-4 资本项目开放进程安排表

短期安排（1~3年）	放松有真实交易背景的直接投资管制，鼓励企业“走出去”
中期安排（3~5年）	放松有真实贸易背景的商业信贷管制，助推人民币国际化
长期安排（5~10年）	加强金融市场建设，先开放流入，后开放流出，依次审慎开放不动产、股票及债券交易，逐步以价格型管理替代数量型管制

资料来源：中国人民银行网站。

3.5.5 债券、股票等金融市场发育水平对人民币国际化至关重要

离岸市场人民币资产池规模得到了迅速增长，增强了人民币在国际贸易与投资中的使用。但人民币要成为全球储备货币，其背后需要一个开放程度高、流动性强且具备全球辐射能力的国内金融市场作为支撑。

债券市场能为人民币实现计价功能提供流动性与信用保证，也是其作为国际储备货币职能的最主要的载体。一个高度开放与多元化的债券市场还能分散非系统性风险，增强面向全球的金融体系辐射能力。人民币债券的国际投资功能直接扩大了海外人民币净负债，增加了以储备形式持有的海外人民币存量；人民币债券的国际融资功能增大在岸市场的国际化程度，实现了收益共享与风险共担。目前，中国债券市场余额仅占全球总量的5.1%。[①] 债市规模占GDP比重不仅远低于发达国家[②]，还低于新兴东亚国家的均值8.2个百分点。除了规模较小之外，债券类型以政府债及政策性金融债居多，公司债规模较小。我国债券市场还较为

① 剔除政策银行债券则仅占3.5%的份额。

② 发达国家债市规模/GDP高于100%，中国2012年第二季度约为44%。

封闭，且国际信用评级存在脱轨，这些因素都限制了债券市场的国际投资需求，从而限制了人民币的国际使用。

股票市场能为人民币长期投资与风险投资者提供可观的收益率，成熟与健康的股票市场能显著增强海外投资者持有人民币的动机。到2013年1月，上交所与深交所总市场高达3.9万亿美元，高于港交所，仅次于纽交所与纳斯达克。充足的流动性与高企的市盈率为海外人民币资金回流提供了一条极具吸引力的渠道。在资本项目开放进程中，股票市场开放将作为境外资金的主要回流渠道，并配合国际板的建设、国际投资者准入机制建设等。投资组合（ETF）与机构投资（QFII、QDII）充分分散了风险，增强一国经济、金融市场与国外的同步性，将作为提供高收益率的主要人民币投资工具。

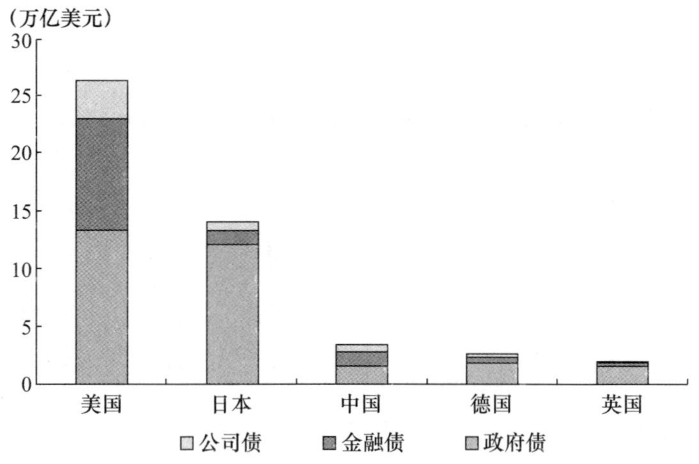

图3-8 部分国家债券市场规模（未清偿国内债券，2012年）

资料来源：Wind。

此外，中国大多数的衍生品市场依然处于早期发育阶段。如果无法进入发育成熟的衍生品市场来对冲汇率风险，进口商和出口商或许都将对资本项目开放造成的汇率波动性增大状况感到担忧。对于外国企业、机构投资者和政府而言，人民币也将不具吸引力。

3.6 推进人民币国际化的政策建议

在将来很长一段时期内，人民币尚不足以挑战以美元为核心的国际货币体系，而是在一定的区域和范围内，对现行国际货币的一种可行选择与有益补充。然而，作为全球经贸大国，中国完全具备作为国际货币主权国家的经济实力，人民币国际化将是一个由市场驱动为主、与政策设计和国内金融体系改革相结合的渐进过程。短期来看，以下几个领域对于推动人民币国际化具有十分重要的意义。

3.6.1 通过资本项目改革加速人民币国际化

资本项目的管制已经成为人民币国际化的最大瓶颈。在资本项目不可兑换的情况下，人民币作为投资和融资工具的作用发展空间十分有限，作为国际储备货币的功能更是几乎不可能实现。下一步资本项目开放可能在以下领域取得重要进展：其一，进一步扩大 QFII、RQFII 和 QDII 的规模和投资范围；其二，扩大境外机构投资银行间债券市场的额度，扩大参与金融机构范围；其三，尽快试点个人直接进行海外市场间接投资（QDII2），以及外国个人投资者投资中国资本市场（RQFII2）；其四，提高境内个人购汇额度；其五，允许非居民（包括外国政府、国际机构与外国企业）在境内通过发行股票、债券和借款等方式融入人民币，重点发展熊猫债券①，加速推出人民币国际板等。

① 根据国际惯例，国外金融机构在一国发行债券时，一般以该国最具特征的吉祥物命名，因而国际多边金融机构在华发行的人民币债券被称为“熊猫债券”。

3.6.2　积极推动全球人民币离岸金融中心的建设

发达的离岸市场是提高一个国家货币国际化程度的重要推动力，美元成为国际本位货币的一个主要原因就是拥有极具深度、广度与流动性的欧洲美元市场。按照广义货币（M2）统计口径，欧洲货币市场上的美元存款总额大约相当于全球美元存款总额的35%。充足的人民币离岸市场流动性有利于提升市场的深度，促进离岸人民币业务的发展，更好地服务于跨境贸易、投资等实体经济活动的需求。因此提出以下建议：其一，进一步增加对离岸人民币资金池的流动性供给，缓解人民币流动性的紧张局面；其二，完善香港人民币基准利率形成规则，引导商业银行扩大长期人民币贷款，增加人民币资金回流渠道；其三，积极创新跨境人民币产品，进一步鼓励人民币债券、股票和其他金融工具的交易，发展人民币债券回购和期货市场；其四，加强中国香港、新加坡、伦敦、中国台湾等人民币离岸市场之间的合作。

3.6.3　争取人民币在贸易结算和大宗商品的国际计价权

长期来看，人民币能够在多大范围内实现国际化最终取决于人民币在国际市场的计价权争夺。在短期内，我国要进一步改善贸易结构，提高跨境贸易人民币计价、结算比例。亚洲周边国家与中国有频繁贸易往来，使用人民币作为结算货币能节省货币兑换成本、规避外汇风险。由于这些国家与中国贸易收支呈现顺差状态，当地市场人民币流动性充足，在双边贸易中选择人民币计价是完全可行的。在中长期内，应努力推动大宗商品以人民币定价。中国虽然是大宗商品的重要进出口国，但是没有一种大宗商品以人民币计价。探索人民币在大宗商品上的定价权，能够带动人民币在全球金融市场的交易规模，提高人民币的影响力。

3.6.4 鼓励以人民币作为资本输出和经济援助的主要货币

美国的经验表明，在一国货币国际化的初期，资本输出和经济援助往往能发挥重要作用，可以推动本国货币进入资本输入国和受援国市场，从而有利于实现货币国际化的目标。与此同时，随着中国企业“走出去”步伐的加快，以人民币计价的对外直接投资将具有很大的发展空间。建议短期内在与东亚周边国家、非洲、南美洲以及其他新兴市场国家的经济援助、直接投资以及贸易融资中，国家应逐步加大人民币计价和结算的比重，并鼓励企业创新对外投资与援助的模式和结构，增加境外对人民币的需求。

3.6.5 以公司债和企业债为重点加速国内债券市场的发展

参考美元、欧元等主要国际货币的发展经验，改变我国债券市场发行规模相对较小、流动性和成交量偏低、结构不合理、大众参与程度不足等短板，不仅是国内金融体系改革的重点和建立多层次资本市场的需要，也将有力地推动人民币国际化发展，使人民币计价金融产品得到外国政府、国际机构与外国企业更为广泛地接受和认可。因此提出以下建议：其一，鼓励债券产品创新，丰富债券市场品种和结构，满足各类企业的融资需要和不同投资者的风险偏好；其二，逐步放宽企业债、公司债券的准入条件，为中小企业的债券融资提供更多的支持；其三，放松债券发行的管制，比如直接债权融资规模不得超过净资产规模40%的规定，推动建立发行利率由市场决定的机制；其四，改变多头监管的局面，建立统一发行和监管体系，提高发行的监管效率；其五，完善投资者权益保护的法律法规，鼓励更多投资者进入债券市场，扩大个人投资者在债券市场中的影响力。

第4章

人民币国际化的战略模式与产品设计

4.1 人民币国际化的战略模式

对于人民币国际化进程中的问题，如果利用政策去推进它，需要一个大的框架和阶段性的把握，包括货币、财政、资本输出、对外贸易、离岸中心建设等一系列政策的配合完成。人民币国际化是一项系统工程，需要系统的顶层制度设计，切忌见招拆招。

顺利推进人民币国际化进程将对货币国际化理论的丰富做出贡献。根据蒙代尔（Robert Mundell）的三元悖论知：①各国货币政策的独立性；②汇率的稳定性；③资本的完全流动性，三者只能选其二，作为资本管制的发展中国家在实现资本账户开放之前推动货币的区域化以及国际化，在国际上都是史无前例的。在这一体系框架下，我们将人民币国际进程与汇率改革、利率改革、要素市场化改革及资本账户开放统一起来。对于中国这一经济大国而言，追求独立货币政策与国际货币主导权意味着人民币国际化是一项必要性变革。如何实现三元悖论中顶点转换过程中的动态调整机制，也是对我国决策层的前瞻性、渐进性市场化改革政策的挑战。

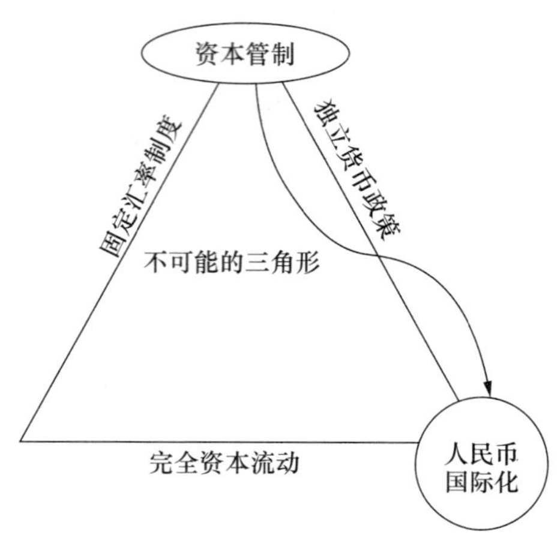

图 4-1　三元悖论的顶点转换机制

资料来源：作者整理。

按照渐进化改革的思路，资本项目开放与汇率制度改革应当同步进行。一般的原则是“先流入后流出、先长期后短期、先直接后间接、先机构后个人”。根据中国人民银行公布的资本账户开放路径，人民币汇率改革与资本账户开放被定义成为期十年的渐进式改革进程。

由于国内要素市场化程度不足以及价格（如利率、汇率等）调整机制不健全，人民币国际化的现实模式决定了人民币国际化进程必须以渐进的方式推进，并且需要一个合理有序的规划。总体上看，人民币国际化路线遵循着“周边国际化—亚洲化—国际化”的渐进推进过程；从货币职能演进上看，人民币国际化的结算功能、投资功能与储备功能应当同步推进。由于人民币周边国际化应随着我国和周边国家（地区）经贸往来规模的迅速扩大而逐步强化。受限于我国现阶

段国际贸易与资本输出辐射范围，周边国际化将是人民币国际化进程中停留较长并且难以突破的阶段。

人民币国际化一个显著特点是其进程走在我国实现资本项目自由化之前。这使得香港的人民币离岸业务必将作为推行人民币国际化进程的窗口试验田；香港的离岸市场建设也将成为沿海地区金融服务发展的窗口。人民币的亚洲化将是一个复杂、反复的长期渐进过程，也是人民币能否成为亚洲主导货币，从国际货币合作的弱势转变为强势的关键阶段。

目前来看，人民币国际化的成功推进的首要任务是人民币国际计价功能的形成，其前提是中国企业和金融机构在全球贸易、投资、生产和金融活动中能够稳步获得货币选择权与定价权。这就要求我国企业或金融机构在海外能够设立分支机构并取得快速发展。但如果没有资本输出的存在，那么由于人民币升值预期的存在，升值预期下的“跛足”特征就会造成人民币国际化进程受阻。因此，其未来投资的领域需要重点关注能为中国增加市场主导权（如购买跨国企业和各类交易所的股权）、促进资本输出（如在发展中国家或新兴市场经济国家设立国家产业园区等）、促进产业升级和产业价值链延伸（研发、品牌、销售渠道等）的各项领域。

4.2　人民币国际化与金融服务业发展

在过往的三十多年中，我国的服务业增长迅速。所谓的服务贸易，既有劳动密集型的服务，也有诸如航空、通信、信息、金融等资本密集型行业。由于我国服务业的增长空间较大以及人民币国际化进程缓慢导致的服务贸易程度较低，发展服务贸易的障碍性因素较大。预计当人民币国际化充分进行时，我国服务贸易的各种潜力将得到释放。

人民币国际化对金融服务贸易的发展有推进作用；香港离岸市场的建设及国内资本市场的完善也会对我国金融服务业发展产生积极的作用。人民币国际化进程要求进一步地发展与开放中国的金融服务业，使之与发达经济体在全球化的市场中竞争。香港离岸市场的建立与内地资本项目的开放是相互促进的，均会对中国金融服务业产生巨大的推动作用。而离岸市场的发展与完善，其中一个关键环节就是市场结构的完善与投资产品的丰富。

4.3 人民币资金流通渠道的扩张

在“十二五”规划中提出了“支持香港发展成为人民币离岸业务中心和资产管理中心”，为促进人民币资金良性跨境循环流动，央行积极拓宽人民币回流渠道，允许包括港澳清算行在内的三类机构①使用人民币资金投资内地银行间债券市场；明确境外地区企业和经济组织或个人可按规定使用人民币来华开展直接投资；允许符合条件的内地基金管理公司、证券公司的香港子公司使用人民币资金投资内地证券市场；增加赴香港发行人民币债券的内地金融机构主体，允许内地企业赴香港发行人民币债券等。近年来人民币主要的资金流通渠道有 RQFII、QDII 与跨境 ETF 等（见表 4 - 1）。

首先是人民币合格境外机构投资者（RQFII）。为了避免短期资金的频繁进出，中国政府对资本账户资金进出一直非常谨慎。2003 年，我国允许合格境外投资者投资国内人民币计价的 A 股市场。截至 2011 年底，累计有 116 家外资机

① 三类机构是指外国央行或者货币管理局、香港及澳门的人民币清算所以及人民币跨境结算的参与银行。

构获得 QFII 资格，批准额度约 207 亿美元。2011 年 8 月，人民币境外合格机构投资者方式（RQFII，又称小 QFII）的设想被初次提出，起步金额设定为 200 亿元，额度的 80% 投资于内地债券市场。这将促进离岸人民币向内地回流，加强海外市场上人民币的吸引力。2011 年底，人民币 RQFII 的投资额度增加 500 亿元，用于发行人民币 A 股 ETF 产品，投资于 A 股指数成份股并于港交所上市。

表 4－1　人民币境内、外流通状况

形式	具体政策与措施
人民币流出境外	人民币存款余额 6270 亿元，截止到 2012 年，人民币 ODI 达 300 亿元
人民币在境外流通	至今未到期的人民币点心债券余额 2130 亿元
人民币回流境内	扩大 RQFII 额度、主要投资于固定收益工具

资料来源：香港金融管理局。

首批在港发售的 RQFII 基本都能实现获批额度。海外资金期盼进一步拓展内地市场投资途径，并未能成功落在推行的 RQFII 产品上。其背后原因可能与当前中国经济增速下滑有关，中国经济结构转型所遭遇的阵痛令海外投资资金持观望态度；但从投资渠道本身来看，RQFII 产品本身的设计亦有一定缺陷。在 RQFII 的发售地香港，金融产品的市场化程度极高，产品的交叉替代弹性非常强。但 RQFII 多投向内地的债券市场，内地的固定收益类产品较为保守，衍生产品发展不足，属于低风险低收益产品。RQFII 产品又缺乏特性与自身吸引力，很难迎合客户多样的需求，因而只在香港金融市场上占据一席之地。

其次是合格境内机构投资者（QDII）。2006 年，我国推出 QDII，允许国内金融机构投资海外市场。国内投资者可以通过合格的资产管理机构、保险公司、证券公司等形式投资海外市场。截至 2011 年底，我国总计审批了 726 亿元的实际对外证券投资额度，为在岸资金的扩张提供了更多选择。QDII 中一种重要的投资工具是跨境开放式指数基金（跨境 ETF）。在 2011 年，内地通过沪、深两地的交易所首先推出了港股组合 ETF，促进中国内地投资者参与香港上市的股票交易，扩大了香港地区的资金来源。此外，相较于一般的 QDII 基金，港股 ETF 的申购赎回效率较高、费用较低，可方便投资者分享香港市场的平均收益。

表 4－2 人民币跨境交易渠道

跨市场交易渠道	用途及便利
RQFII	拓展离岸人民币产品
	提高离岸资金回报率
QDII、跨境开放式指数基金（跨境 ETF）	为在岸资金的扩张提供了更多选择
	便于内地投资者参与香港市场
	扩大了香港地区的资金来源
	免于承受汇兑风险

资料来源：作者整理。

4.4 人民币国际化与离岸金融市场建设

一国货币要成为国际货币，必先拥有一个规模庞大、体制健全并高度开放的金融市场。首先，只有建立相当广度与深度的金融市场，才能解决货币投资收益及回流机制的问题。发达的离岸金融市场有利于吸纳人民币并有效管理其海外市场的流动性，在海外形成吸收汇率风险的金融资产池。其次，离岸金融市场建设与产品设计本身可以增加国际货币的流动性及吸引力。完善的金融市场可以为不同类型投资者提供成本低廉、风险偏好各异、流动性高的金融工具。这样不但大大增强了国际货币的投资属性，也扩大了交易者对于该国货币的需求。现阶段主要离岸人民币金融产品见表 4－3。

表 4-3　主要人民币离岸产品

时间	事件
2010-10	亚洲开发银行发行首只人民币债券
2011-4	首只人民币房地产投资信托基金上市
截至 2012-12	香港人民币债券已发行数量为 237 只
2011-9	引入双币双股的人民币股票上市模式
2012-1	推出“人证港币交易通”
2012-9	推出离岸人民币期货

资料来源：作者整理。

香港作为世界级的金融中心，也是建设人民币离岸市场的第一选择。香港离岸金融市场仅次于东京，居亚洲第二位。香港属于内外混合型的离岸金融市场，资金的出入不受限制；香港在发展离岸人民币业务方面，具备体制、先行、规模和关联等优势；香港作为现代的国际性金融中心，其“积极不干预”的金融政策，使整个香港处于自由而不失严谨的金融环境中。内外混合型离岸市场代表金融业高度的经营自由，境内市场几乎完全开放，也代表着国际金融市场的发展方向。20 世纪 80 年代初，香港交易所利用后发优势，从期货交易设计中吸取经验，提出“跨市场”的发展路径。从产品设计来看，香港股票期货市场优先于商品期货市场，于 1986 年推出了恒生指数期货，交投活跃。

新加坡未来也能成为人民币离岸中心之一，这对于扩大人民币国际贸易结算的使用范围无疑具有非常积极的作用。新加坡的离岸金融市场属于典型的渗透分离型模式。商业银行与金融公司所兼营的离岸业务与在岸业务实施严格分离。离岸资金在一定的限额内相互渗透，即居民可以将其投资于境外金融市场，离岸银行也可以将其离岸账户上的资金贷放给其国内企业。新加坡建设人民币离岸中心将扩大与东盟各国以人民币计价的贸易规模；另外，新加坡的外汇交易规模在香港之上。2012 年新加坡在人民币不可交收交割外汇合约（NDF）市场占比就达到了 80%，领先优势十分明显。新加坡于 1986 年推出的日经 225 指数期货，是世界上首个别国股指期货合约，此后还陆续开发了以周边国家股票指数为标的的期货、期权合约，提供了全世界最为广泛的亚洲跨市场融合性产品种类及全亚洲最广泛的国际跨市场金融产品线。

伦敦也是内外一体化的离岸金融中心的代表。伦敦的离岸业务与在岸业务混合经营，对于体系外注入的资金不征收利息税、离岸资金也不实行存款准备金制度。作为全球最大的金融中心，伦敦具有较高的信用优势，成熟的国际结算网络，优质的金融服务，可以实现金融资源的合理化配置，提高境外人民币资金的持有收益。在人民币交易中，伦敦占全球离岸人民币交易的 26%，仅次于香港；作为全球最大的跨境银行业借贷中心，伦敦的市场份额占全球的 19%；在衍生品交易、基金管理和私募股权投资等方面，伦敦也同样处于领先地位。伦敦衍生品市场近年来的快速发展，使其成为国际金融中心的霸主。伦敦拥有国际上最发达的场外（OTC）衍生品市场，其场外衍生品交易额最近几年一直占国际场外衍生品交易量的 40% 以上。但目前的伦敦离岸市场尚缺乏人民币对美元的长期互换产品、人民币股票和高流动性、长久期的人民币离岸债券等。三种不同类型的人民币离岸市场运作模式与各自优势见表 4-4。

表 4-4　人民币主要的离岸市场

地点	模式	优势
中国香港	内外一体型	资金高度自由
新加坡	渗透分离型	风险防范程度高
伦敦	内外一体型	境内、外市场高度开放

资料来源：作者整理。

4.5 人民币国际化与金融产品设计

4.5.1 间接金融产品

从银行的资产方来看，目前由于行政监管与人民币的升值预期作用较强等，人民币离岸海外贷款份额尚且十分有限（相当于国外贷款额的0.3%～0.5%）。香港人民币贷款业务虽然起步较慢，但增长速度较快。从2012年开始，的确有不少人民币贷款流入内地，未来可能会对央行的货币政策和社会融资总量调控造成一定影响。大力发展人民币离岸贷款，作为向海外资本输出的一种形式，可以促进外国商业主体之间使用人民币进行交易和贸易投资，长期内使国际收支平衡表得以改善。

从银行的负债方来看，香港的离岸人民币存款大幅增加。根据香港金融管理局的统计数据显示，香港人民币存款2012年前4个月都维持负增长，5月起开始反弹，7月存款额较前一月增加1%，达到5632亿元，如图4-2所示。虽然人民币存款增速迅猛，但可用的渠道却仍然以购买人民币债券为主。香港作为主要的人民币离岸中心，有关人民币的金融产品增加、贸易服务的加深使人民币相关贷款需求上升。进入2013年后，人民币的升值预期减弱，银行间人民币同业拆借利息升高。在香港开展单纯的人民币存贷业务面临着息差减小、竞争激烈的压力。

除了基本的存、贷、汇业务之外，中资银行还可以发展基于人民币点心债券的固定收益产品、人民币理财产品等。

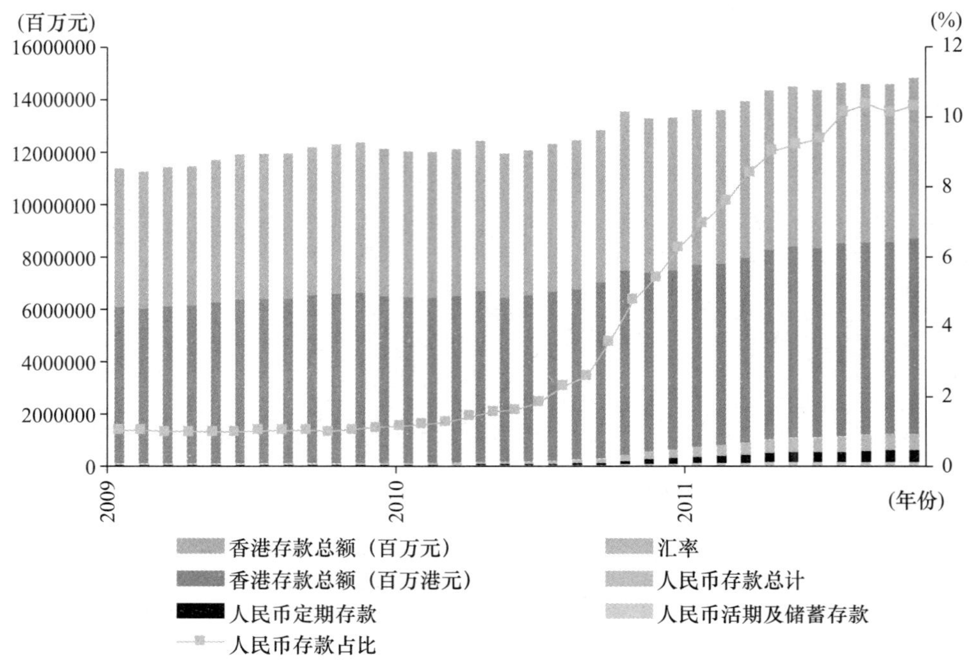

图 4-2　香港人民币存款统计

资料来源：香港金融管理局。

4.5.2　债权类金融产品

中国的金融产品交易占全球市场的份额持续增加，而金融产品的自由化与证券化程度却不能满足国内外投资者管理风险的需求。随着中国金融业的深化发展，更多的人民币金融产品将被推出。金融市场的深化必将加深人民币的国际化程度，对实体经济产生积极、正面的作用。自 2007 年国家开发银行发行第一只人民币债券以来，债权类产品就成为了人民币国际化的核心支柱。人民币债券市场的快速增长对企业的融资方式、人民币的投资渠道甚至人民币国际化的前景，都有重大的意义。

由于香港人民币债券利率普遍较低，境内外机构都将到香港发行人民币债券

视为良好的融资渠道；但二级市场上人民币债券的交易较为清淡。截至2011年底，人民币债券与定期大额存单在香港发行的总值超过了1400亿元，预计今后5年内，人民币离岸债券发债总值将迅速超过5000亿元。2012年4月汇丰也在伦敦发行了首只海外人民币离岸债券，拓宽了人民币的融资渠道，加快了其国际化的进程。

2010年8月，三类境外实体①被允许投资内地银行间债券市场。境外机构可在核准的额度之内，以自身获得的人民币资金投资银行间债券市场。包括中银香港、工银亚洲、汇丰银行与渣打银行在内的近30家外资银行获准在内地投资银行间债券市场。

一般认为，内地银行间债券市场开放是启动人民币回流机制的稳妥选择。首先，银行间债券市场品种较多，包括政府债、政策性银行债以及企业债等；其次，银行间债券市场交易量较大，占据了非金融企业债券发行额的99%以上，总量达5691亿元；再次，相对而言，在岸人民币债券的市场收益率更高；最后，银行间债券市场投机性相对较低，投资风险相对较小。利用银行间债券市场盘活境外人民币存款余额，是增加人民币的境外投资属性的优先选择。

4.5.3　股权类金融产品

2011年4月上市的香港第一只人民币股票（汇贤产业信托）为李嘉诚旗下的长江实业分拆出来的股票，2011年分派收益率（股息收益率）约4.83%，接近同期发行的一些香港人民币点心债券。相比之下，考虑到股票的风险相对较高，其风险回报率并不突出。汇贤的成交量占股本比重远低于其他同类新股。和在香港的其他人民币产品一样，人民币计价股票尚存在很大的流动性风险。香港

① 三类境外实体是指外国央行或者货币管理局、香港及澳门的人民币清算所以及人民币跨境结算的参与银行。

联交所计划设立一个人民币资金池，以促进人民币计价的投资。

另外，新加坡从2012年4月开始允许挂牌的证券使用两种货币报价并进行交易。而新交所7月又允许人民币计价证券挂牌交易。在新加坡以双币双股形式上市的房地产信托公司股票也在筹划之中。与香港相比，新加坡发展房地产信托的历史更长，也更为稳定，因此对这类信托的需求一直是有增无减。

4.5.4 场外交易金融产品

与企业债券市场相比，外汇远期和掉期交易市场近年来发展迅速。1997年就出现了OTC远期市场（Over－The－Counter Forward Market）。但鉴于人民币兑美元为固定汇率且绝大多数外贸交易以美元计价和结算，因此交易量平平。然而，在2005年中期人民币与美元脱钩之后，中国引入了银行间外汇远期市场，并在2006年正式推出了外汇掉期交易。这些市场允许中国的进出口商对冲在人民币汇率波动性日益增加的环境中所固有的外汇风险。

国内商业银行能否进行直接金融市场上的人民币产品的创新，不仅取决于我国宏观经济金融环境与市场监管的松紧程度，还取决于经营现状与市场基础。人民币远期结售汇、人民币与外币掉期业务的产品结构和交易制度相对简单，操作风险较大。伴随人民币汇率形成机制的改革与汇率波动幅度加大，商业银行的客户对此类产品的避险需求加大，从短期来看，发展远期与掉期产品对于商业银行业务而言最为有利。

远期与掉期两个市场的总交易量增长快速，2011年，人民币外汇即期成交35538亿美元。人民币外汇掉期交易累计成交金额折合17710亿美元，其中隔夜美元掉期成交10220亿美元，占掉期总成交额的57.7%。人民币外汇远期市场累计成交2146亿美元，同比增长556.8%。如图4－3所示，香港远期的外汇交易头寸呈现逐年增长的趋势。

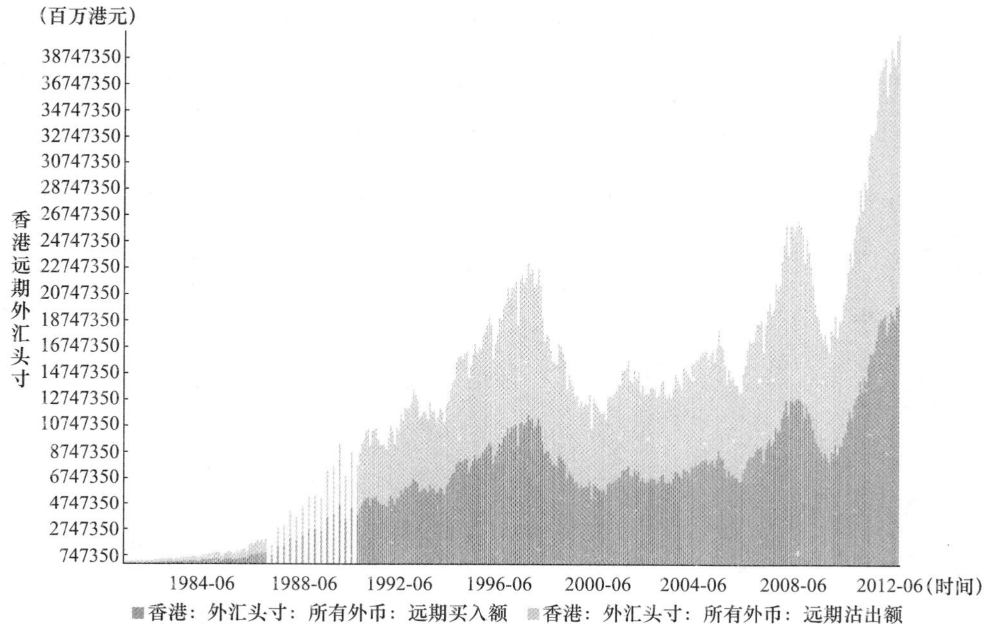

图 4－3　香港远期外汇交易状况

资料来源：同花顺 iFinD。

2012 年底，场外结算所将由港交所组建，其营运将独立于港交所目前旗下的其他结算所。场外结算所将为香港提供场外衍生工具市场的中央交易对手结算服务。其中利率衍生工具及无本金交割外汇远期合约（NDF）成为了新结算所首先处理的两类产品。虽然现时香港场外及衍生工具市场的交易量仍相对偏低，但随着人民币于跨国交易中被广泛使用，其增长潜力庞大。

4.5.5　衍生金融产品

中国香港地区金融市场的发展经历了一个从期货到期权，从股权类到货币类再到利率类金融衍生品的发展路径。一般而言，随着国际金融市场的逐步完善，直接金融产品有逐渐超越间接金融产品、衍生金融产品超越基础金融产品的势头。从未来市场发展的趋势来看，以能源、金属、农产品为基础资产的商品衍生品呈现跳跃式发展的趋势。商品市场金融化的趋势明显。在能源、贵金属、工业金属与农产品等商品市场中，衍生品的交易量大大超过了实物的交易量与工业产值，以至于衍生金融市场成为了商品市场定价的主导力量。大量的交易活跃、分担风险的金融衍生工具组成的资金池也可以分散非系统性风险。另外，高度活跃并具有影响力的金融市场有助于价格发现，可以取得远期类产品的定价权。衍生金融产品也可以看成是货币国际化的实现手段与潜在收益，而金融市场上的定价权旁落问题也成为了国际贸易定价与国际货币主导权中的核心问题。

其一是期货。在最近30多年时间里，以期货市场为代表的衍生品市场因具备价格发现和风险转移等功能而发展迅速，已经成为金融市场的最重要组成部分。据统计，全球金融衍生品交易规模已从1976年不足金融交易总额的1%，上升至目前的80%以上。通过开发金融衍生品的人民币产品，在控制资本市场系统性风险的前提下将沉淀资金导入资本市场与期货市场，不仅解决了市场结构失衡的问题，还缓解了流动性风险，提高了整个金融市场的资金效率。

其中与战略性资源相关的有人民币原油期货。人民币原油期货是中国开始以金融方式参与国际原油定价的一种手段，也是自20世纪90年代以来我国能源战略所追求的目标。鉴于我国石油供求对外依赖程度过高，承受的风险过大，国内企业对于加强石油期货交易的需求强烈。从1993年上海石油交易所成功推出石油期货交易以来，先后有多家交易所①相继推出石油期货合约。上海石油交易所日均成交量已经超过新加坡国际金融交易所（SIMEX）。现在全球的石油等能源金融市场交易几乎全部以美元定价。“石油—美元”的贸易结算机制使能源的所有权与定价权相分离。石油与美元挂钩的机制，也使美国拥有强大的石油定价能力，更让美国获得了巨大的资本利得。

---

① 有华南商品期货交易所、原北京石油交易所、原北京商品交易所等。

当中国油价与国际接轨之后，石油“亚洲溢价”就成为不可忽视的因素。由于美国的油源较为分散，欧洲的油源较为稳定，中东地区采取“亚洲溢价”政策自有其必然性。从大趋势来看，最好的解决办法是让亚洲成为石油的一个定价中心。以人民币计价石油期货的好处是不用担心缺乏交易主体，同时也不必担心汇率风险等问题。

其二是外汇指数。金融产品从基础性产品演进成衍生性产品，外汇市场的发展也经历从远期、期货演进为期权、外汇指数①的阶段。诸如中银（香港）、汇丰、花旗、德意志银行这些国际金融机构都推出了离岸人民币债券指数产品，不但提升了全球投资者对于离岸人民币债券的认识，同时也推高了人民币离岸债二级市场的流动性。但外汇指数的意义并不仅限于市场的风向标，以美国指数为标的的衍生产品已经成为了外汇市场参与者投资与套期保值的工具。这些不但能丰富投机性的交易，增加市场流动性，也给需要进行汇率风险规避的跨国公司、机构投资者等提供了方便的工具与渠道，使得投资者可以低成本地管理汇率风险。

随着中国汇率制度改革的深化以及外汇市场功能的完善，人民币指数的推进也变得十分关键。虽然没有成熟的关于货币指数的理论框架，但美元指数的成功运作很值得我们借鉴。一般来说，人民币指数应当包括人民币名义有效率（NEER）指数与人民币实际有效汇率（REER）指数，根据美元、欧元、日元、英镑、韩元、澳大利亚元、加拿大元等作为货币篮子，再根据国际清算银行 BIS 发布的中国对主要贸易伙伴的贸易权重测定。

由于人民币指数优于双边汇率，可以更好地反映人民币对所有样本货币的整体走势，为央行进行外汇市场干预、外汇政策制定提供风向标。随着人民币汇率

① 货币指数又称为外汇指数，是由专门的金融服务机构编制的表明外汇行市变动的一种供参考的指示数字。对于多对货币的汇率变化或者整个外汇市场的走势，一些金融服务机构利用自己的业务知识与熟悉市场的优势，编制出货币指数并且公开发布，作为外汇市场价格趋势的指标。

日波幅的加大，企业、机构对规避人民币汇率风险的需求越来越强烈。人民币汇率指数是衍生品的开发标的。指数设计一旦完成，即可以开发由指数衍生的期货、期权等复杂金融衍生产品，供企业与投资人开展高杠杆、低非系统风险的套利与保值。

第5章 人民币离岸市场的现状、问题和前景

中国的经济总量增长了17倍，在2010年中国成为世界第二大经济体，在2013年已经超过美国成为全球第一大货物贸易国家，是增长最快的新兴市场以及对外投资来源国，并有望于2020年左右成为全球第一大经济体。在迅速增长的国际贸易和投资中，人民币使用日渐频繁，离岸人民币资金池的规模不断扩大。自2005年首次提出建设人民币离岸中心的设想以来，特别是2009年《CEPA补充协议六》签署后，香港离岸人民币业务进展迅速、成绩斐然，并为推动内地与香港经济发展、内地金融改革与人民币国际化进程做出了贡献。国家“十二五”规划提出，支持香港发展成为离岸人民币业务中心，预计人民币业务将成为未来香港区别于其他国际金融中心的核心优势和突出特征。下面对香港人民币离岸市场的现状、问题和前景做一些探讨。

5.1 香港人民币离岸市场发展现状

伴随人民币贸易结算的全面展开，香港已经成为人民币跨境贸易结算的主要

平台。以香港为中心，中国台湾、新加坡和伦敦作为“轮辐”（Spoke），辐射全球的人民币离岸金融市场框架也初步成型。从资金流向与用途看，香港人民币离岸市场的发展得益于五大资金循环渠道，离岸人民币资金池的广度、深度与流动性也表现出不同的特点。

5.1.1 离岸人民币资金循环的五大渠道

（1）旅游及消费循环渠道。

在内地赴港限制政策逐步放松、香港零关税优势以及人民币升值等众多因素的驱动下，越来越多内地游客赴港消费，带动了人民币的跨境使用。香港旅游发展局数据显示，2012 年全年内地访港人数 3491 万人次，同比增长率高达 24.2%。内地过夜旅客在港人均年消费达到 8220 港元，入境旅游带动相关的总消费为 2587 亿港元。

2012 年 8 月，香港金融管理局宣布香港银行可以为内地居民开设人民币账户，存款以及汇兑数量不设上限。由于离岸汇价存在优势，此举将带动香港人民币汇兑业务增长。按照人民银行深圳分行的估算，内地游客每年带入香港的人民币与同期人民币兑换金额大致相当。因此，笔者估计 2012 年旅游及消费渠道流入香港的人民币规模约为 1000 亿元。同样，通过香港同胞的跨境消费也能回流部分离岸人民币。香港统计署公布数据显示，2012 年香港赴内地入境旅游为 7800 万人次，平均消费开支为 876 元。那么，基于交易目的，香港居民跨境旅游可回流人民币规模约为 500 亿元。综合以上流入和流出两方面因素，估计 2012 年通过跨境旅游渠道净流入香港的人民币规模约为 500 亿元。未来，这一数字还将伴随在港人民币汇兑便利以及人民币货币流通便利进一步增长。

（2）跨境贸易结算循环渠道。

2013 年以前，人民币跨境贸易结算是最主要的渠道。自 2009 年 7 月跨境贸易结算试点开启以来，以人民币结算的跨境贸易飞速发展。2011 年，试点范围推广至全国，并且不限制境外地域范围。2012 年末，跨境人民币结算金额达到 2.94 万亿元，同比增长 41%，占中国总贸易额的 12%。而 2009 年末，跨境人民币结算金额仅为 36 亿元，占当年中国总贸易额的 3%（见图 5－1）。特别是新兴市场的企业，越来越多地进口中国商品并采用人民币支付。

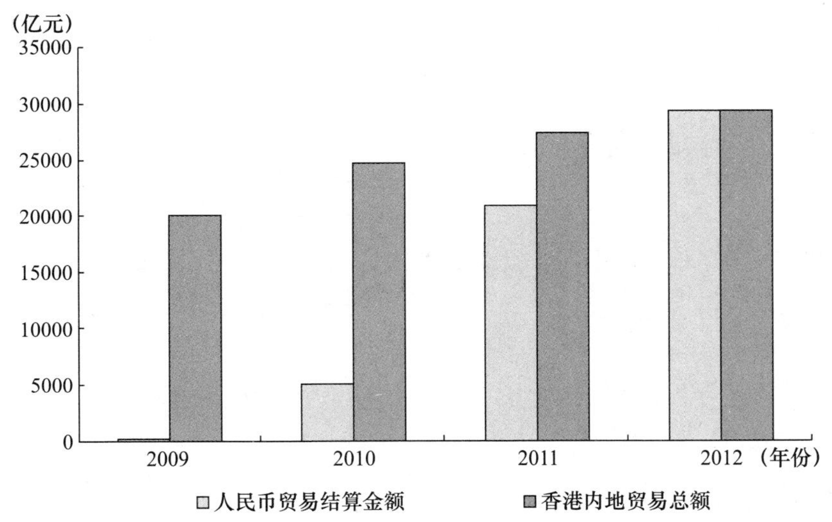

图 5－1　香港内地贸易总额及人民币结算金额

资料来源：Wind。

根据 SWIFT 数据，截至 2012 年 8 月，人民币跨境贸易结算额的 72.8% 发生在香港。到了 2012 年底，跨境贸易人民币结算金额已经与香港和内地的贸易总额基本持平，表明香港事实上成为了人民币跨境贸易的集中清算中心。香港金管局的数据显示，在全球 158 个和中国内地及香港有贸易联系的国家中，20% 的国家曾使用人民币做贸易结算，第三方借道香港银行与内地进行贸易清算的现象日益普遍。

在人民币贸易结算中，进口、出口所占金额趋于 1.2∶1，按人民币贸易结算 70%～80% 发生在香港估计，2012 年跨境贸易结算渠道至少给香港离岸市场带来2000亿元的人民币存量。同理，由于2009～2011年贸易结算金融分别为36亿元、5063亿元、20800亿元，进出口贸易结算比例为7∶1、5.5∶1、1.85∶1，估算2009～2012年以贸易结算渠道流入香港离岸市场的人民币规模为8500亿元。

（3）人民币直接投资循环渠道。

多年来，中国一直是全球最大的FDI东道国之一。2012年中国吸引FDI实际额已达1117亿美元。同年，中国对外直接投资（ODI）的流量与存量均创下历史新高，达到772亿美元与4432亿美元，成为全球第6大资本输出国。在此背景下，2011年人民银行相继启动了人民币境外直接投资（RFDI）和人民币对外直接投资（RODI）业务。RFDI业务的启动为境外人民币拓宽了回流渠道，鼓励和吸引境外投资者持有并使用人民币。由于推出RFDI属于资本项目放开的重要一步，RFDI的规模一经推出便得到了迅速增长。根据商务部数据，2012年全年实现了约2500亿元的规模，占FDI总量的36%。

与同年10月出台条例的RFDI相比，人民币ODI发展较为迟缓。2012年，人民币ODI所占的比例仅为6.2%，为292亿元。长期来看，伴随着中国企业“走出去”步伐的不断加快。人民币用于非金融海外投资，一方面，可以促进人民币从贸易结算货币向投资计价货币的升级，另一方面，还能为人民币海外投资提供资金来源，有助于实现贸易、投资双驱动的人民币海外循环通道。目前，人民币ODI仍处于逐项审批的阶段，直接投资政策落实程序还有待完善。

由于清算体系与配套环境较为成熟，RFDI与ODI仍集中于香港地区。无论是FDI还是ODI形式，香港均占内地投资金额的50%以上。2012年，吸引香港的FDI流量为705亿美元，较2011年增长18%；投向香港的ODI流量约为500亿美元，较2011年增长41%。2012年，通过人民币直接投资的形式净回流的香港离岸市场人民币规模约为1500亿元。

（4）人民币间接投资循环渠道。

间接投资受到的约束程度仍然较高。已有的三项投资计划 QFII、QDII、RQFII 主要通过配额控制，允许不同方向的资本流动。截止到 2013 年 1 月，QFII 总配额达到了 800 亿美元，仅为内地 A 股市值的 2%。同期 QDII 投资额共计 855 亿美元。但到 2013 年前，人民币的间接投资仍是单向的，且仅在 2011 年 8 月推出 RQFII。目前 RQFII 审批投资额约 700 亿元，总配额达到 2700 亿元。证监会也在考虑给台湾投资 1000 亿元的 RQFII 配额。2013 年，证监会将进一步推动人民币合格境内个人投资者（RQDII2），以及探索人民币合格境外个人投资者（RQFII2）的可能性，并且这部分不计入 RQFII 的 2700 亿元额度。未来前海即将推出的人民币外商投资股权投资企业境外有限合伙人（QFLP），预计回流人民币规模也将超过 200 亿元。按照现行人民币配额测算，间接投资计划至少可以每年带来 1000 亿元规模的人民币回流。

（5）人民币债券发行的循环渠道。

人民币点心债自 2007 年开始启动，截止到 2012 年底，香港人民币债券已发行数量为 237 只，发行规模 2909 亿元。从发展历程来看，2010 年与 2011 年香港人民币债券呈现了爆发式增长，但 2012 年债券发行热度明显下降，新发行债券金额 1122 亿元，与 2011 年基本持平（见图 5－2）。这一方面是由于离岸人民币债券发行利率的上升，对发行人吸引力降低；另一方面也归功于在岸银行间债券市场以及更多更高收益的回流渠道打通，分流了一部分对香港离岸人民币债券的需求。截至 2012 年底，未偿债券余额为 1920 亿元，同比 2011 年底增加 62%。以此估算全年通过人民币债券方式回流的资金在 600 亿元左右。由于人民币债券中有部分第三方离岸发行人，以及内资企业发行的美元合成债券，估计 2009 年以来以债券融资方式回流的人民币累计规模在 1000 亿元左右。

上述五大资金循环渠道既有贸易项下的，也有资本项下的。经分析可知，人民币资金流入离岸市场目前主要依赖于贸易项目，离岸资金回流在岸市场则依赖于资本项目。上述人民币资金循环渠道既有贸易项下，也有资本项下，五条主要渠道加总后得出，截止到2012年，香港离岸市场基于贸易、投资背景人民币存量在7000亿元左右。这一估算结果与香港金管局公布的活期存款、定期存款以及存款证的加总规模相符合。结果上的耦合说明香港离岸市场的发展有人民币的真实需求作支撑，未来将随着贸易结算、投融资、货币乘数扩大而稳定增长。

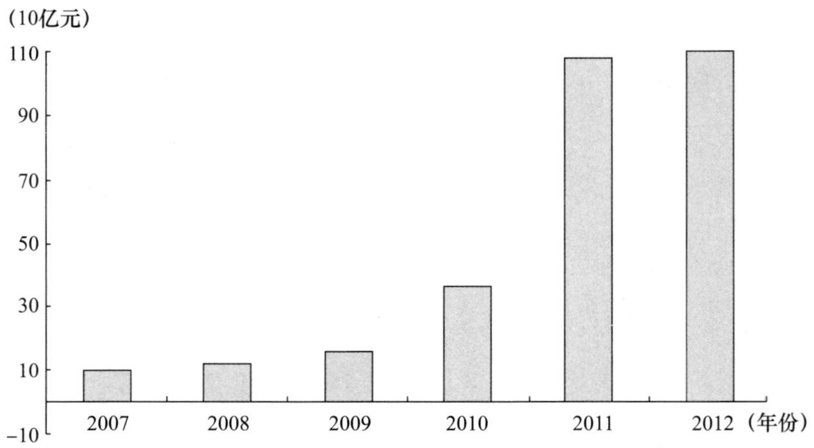

图5-2 香港人民币新发行债券额

资料来源：CEIC。

5.1.2 离岸人民币资金池的广度、深度与流动性

香港已成为全球离岸人民币业务的枢纽。经营离岸人民币业务的参加银行达到204家，其中181家是海外银行的分支机构或者内地银行的海外分支。随着人民币跨境使用和离岸市场各类金融活动日益增加，香港人民币清算平台处理的交易，由2010年每天平均50亿元大幅上升至2013年初的2600亿元。海外银行在香港银行开设的人民币代理账户数目，从2010年底的187个增加至2012年底的1402个。香港与海外银行的应付与应收款项，分别为1000亿元和1200亿元，净

额是应收款项较多，即香港向海外净投放了人民币头寸。除了满足了投资者差异化的需求，香港还提供连接在岸债券、资本市场的投资安排。

目前，在离岸人民币资产池中具备一定市场深度与影响力的金融产品主要有以下三种：

（1）人民币外汇交易。

自2010年7月成立以来，离岸人民币市场（CNH）已经成为了世界上发展最快、最热门的货币市场。2013年，在离岸人民币外汇交易方面，香港市场每天的即期和远期交易量已达到50亿美元等值，主要银行都已提供人民币兑欧元、英镑和亚洲主要货币的直接外汇报价。

伴随CNH市场的出现，人民币汇率逐渐形成了CNY与CNH两种价格。两种汇率的走势基本一致。在岸汇率（CNY）体现了背后外汇调控的意图，对于离岸汇率（CNH）的走势有较大影响；CNY汇率由内地资本管控，向来比较稳定，而CNH市场在失去外汇调控的缓冲之后，对海外市场的动态反映更为灵敏，往往在额度用尽之时溢价大幅度提升（如图5－3所示）。2013年5月，伴随外围经济复苏以及境内外跨境资金流动增强，在岸、离岸汇差缩小到仅有3个基点，呈现“二价归一”态势。

在CNH市场建立之前，美元结算的远期产品（NDF）是管理人民币风险敞口的传统方式。其定价基于人民银行的中间价，在离岸市场是不可交割的。伴随即期汇率定盘推出，基于CNH的可交割远期将成为市场导向。同样，受制于市场分割，在岸与离岸的人民币远期也持续存在着500点左右的价差（如图5－4所示）。

（2）人民币存款。

相对于旺盛的人民币需求而言，人民币存款资金池呈现缓慢增长的态势。受到内地汇率政策与利率政策的影响，2012年人民币资金一度出现外流，比2011年最高值减少了750亿元。2013年以来，香港人民币存款总额恢复了增长态势。

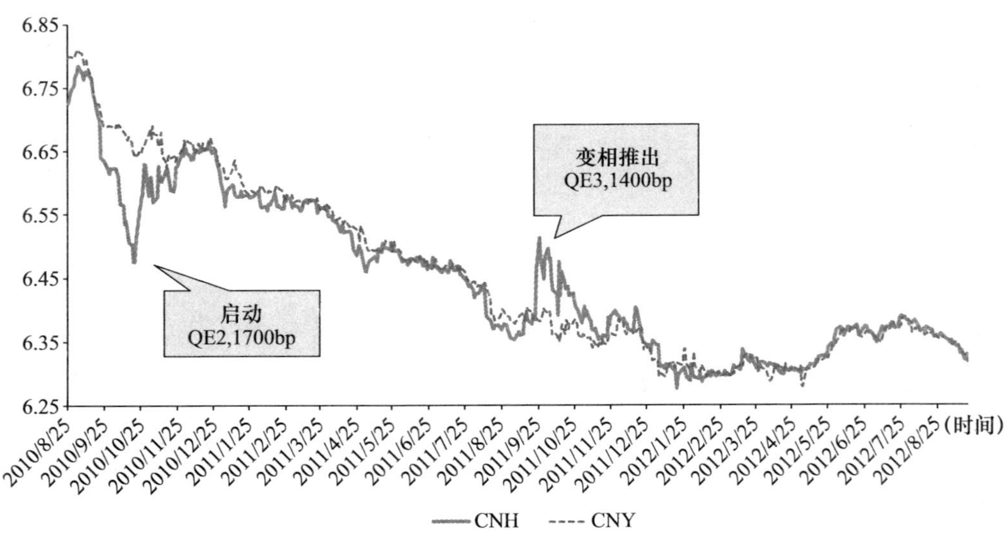

图 5-3　离岸 CNH 与在岸 CNY 价差

资料来源：Bloomberg。

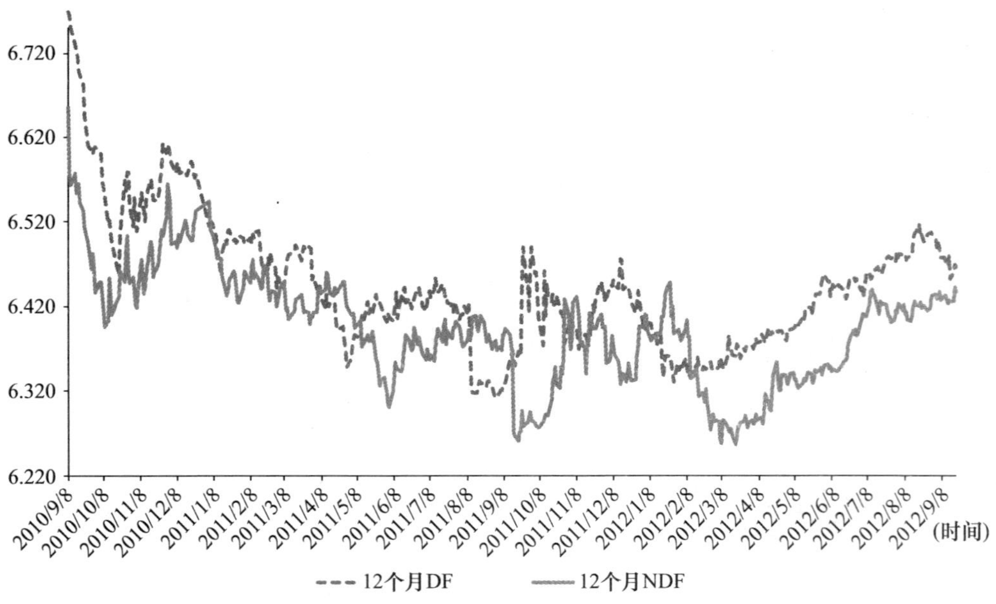

图 5-4　离岸 NDF 与在岸 DF 价差

资料来源：Bloomberg。

香港金融管理局发布数据显示，3月外币存款总额上升仅为0.7%。其中香港人民币存款上升4.4%，至6681亿元。这一数额相当于香港银行业存款总额的9.7%，外币存款额的19.3%，但仅相当于内地人民币存款总额的0.7%。4月以来，受益于人民币汇率创新高，寿险等人民币计价产品丰富以及RQFII扩容政策影响，离岸人民币需求持续高涨。一年期人民币定期存款利率普遍在2.2%~2.85%。

2012年人民币离岸市场存款连续下降，但人民币存款证业务保持以每日6宗的速度增长。2012年发行的新型融资工具中，存款证占比达56%。由于香港人民币存款较为集中，面临离岸人民币流失的态势，其他银行需要发行高息率人民币产品以吸引存款。存款证主要用于跨境贸易结算及融资，90%以上由内地银行在港分行发行。目前人民币存款证规模达到1173亿元，一年期平均利率达到2.7%左右，将有望成为离岸银行间拆借市场的重要参考利率。

（3）人民币债券。

香港离岸人民币市场的债务融资工具主要包括中长期债券与商业票据等。其中CNH债券余额（包括债券与银行存款证）已经从2011年前的680亿元上升至2013年4月的3480亿元，如图5-5所示。

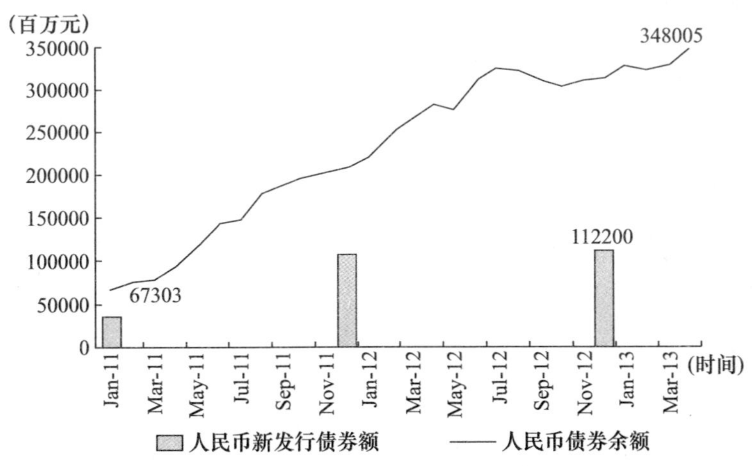

图5-5　香港离岸人民币债券余额以及发行额

资料来源：香港金融管理局。

截至2012年底，香港的人民币债券新发行额达到1120亿元，其中80%由中国企业发行。香港人民币债券的发行利率普遍比在岸市场低，例如，2012年8月2日国开行发行的三年期人民币债券利率仅为2.95%，国开行在大陆发行的相应债券利率为3.39%，两者相差44点。2012年，受人民币升值预期减弱的影响，离岸与在岸的收益率差额（以三年期国债为准）收窄至最小30基点，但发行量仍然维持平稳。由于人民币升值带动市场需求回升，使点心债明显上涨，利率也出现快速下降的情况。

香港人民币债券主要分成两类：其一主要是点心债券，即发行货币与结算货币均为人民币，规模约为1660亿元；其二是合成债券，即以人民币发行，以美元或者其他外币结算的债券，规模约为260亿元。由于合成债券以美元等外币结算，获得的资金可以FDI的形式进入境内，因此受到了房地产商的青睐。由于不能享受人民币升值收益，合成债券利率普遍高于点心债，但仍低于美元债。自2011年下半年起，受中资企业财务造假的影响，合成债券的发行一度停滞。①

人民币债券发行人主要由国企、跨国公司、香港以及外资行，境内银行分行组成。其中国债从2009年开始，存量约为570亿元，政策性金融债从2007年开始，累计发行125亿元。以2012年8月的数据来看，境内的政策性银行与商业银行占据了CNH债券市场70%的份额。国外发行人仅占有14%的人民币债券发行量，其中跨国企业与金融机构发债比例各占50%。不同类型发行主体利率水平差异也相当明显。其中，国际机构的平均利率水平最低，财政部次之，企业类发行主体的利率水平最高。无论对于境内企业或者跨国公司而言，发行人民币离岸债券均为其低成本融资的重要渠道，如图5-6所示。

① 2011年6月，浑水公司披露嘉林汉业（Sino-Forest）财务造假，并做空后者致其最终停牌。2012月4日，SEC起诉立新大华、德勤华永、安永华明、毕马威华振和普华永道中天5家会计师事务所有限公司，理由是这5家公司拒绝向SEC出示上市审计底稿。除了立新大华外，其余4家公司均系四大会计师事务所的中国分公司。

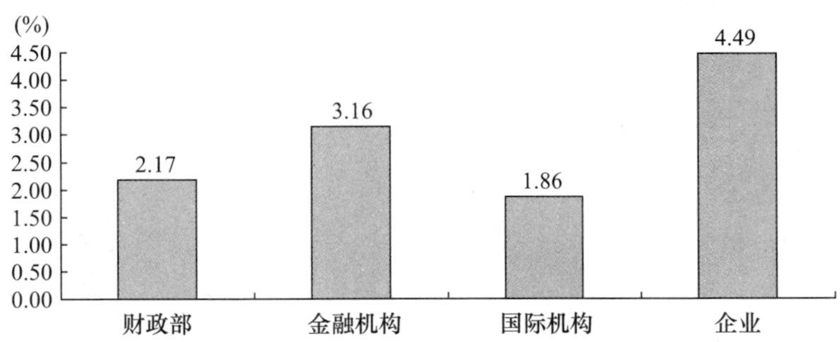

图 5－6　香港人民币点心债利率

资料来源：香港金融管理局。

此外，人民币金融产品也将进一步多元化，人民币期货①、双币双股②及投资 A 股的 ETF 基金③已于 2012 年在市场推出。2012 年底，深圳前海还启动了跨境人民币贷款业务，提升了香港离岸人民币市场的活跃度，形成人民币跨境双向流动的机制。

5.2　人民币跨境资金流通机制

5.2.1　离岸市场组织模式

根据离岸与在岸资金的渗透程度不同，离岸金融市场可以分成三种不同的组

---

① 2012 年 9 月 17 日全球首只可交收人民币期货在港交所旗下衍生产品市场开始交易。人民币期货作为人民币离岸市场发展的里程碑，意义重大。

② 2012 年 10 月 24 日合和公路基建完成配售 1.2 亿元人民币新股，成为首家实践港交所“双币双股”上市模式、在同一市场同时向投资者提供人民币交易。

③ 2012 年 6 月 29 日，香港证监会批准华夏沪深 300 指数 ETF 在香港联合交易所上市，这是全球首只人民币合格境外机构投资者（RQFII）A 股 ETF。

织形式（见表5-1）：

第一类是内外混合模式，以伦敦与中国香港为代表。这种组织模式的离岸金融市场业务与国内金融市场业务不分离。离岸业务参与银行同时经营在岸与离岸金融业务，但非居民经营在岸业务时必须接受金融监管机构的审查，缴存准备金及相关税款。这种组织方式导致在岸业务规模远小于离岸业务规模，其目的在于发挥离岸与在岸市场的各自特点，相互促进。

第二类是内外分离模式，以纽约、东京为代表。这种组织模型严格控制离岸金融市场对于国内货币政策的影响，通过金融机构的账户与业务隔离建立防火墙，禁止非居民的在岸交易。对于非居民的离岸金融交易，管理当局不实行国内的税收、利率与准备金政策。

第三类是分离渗透模式，以新加坡、泰国为代表。与内外分离模式相类似，但它允许部分的离岸资金流动国内金融体系以及居民参与离岸交易等。

表5-1 离岸金融三种组织形式

组织模式	典型	交易主体	特点
内外混合	伦敦、中国香港	居民、非居民	资金出入无限制、与在岸账户并账管理、无严格申请程序
内外分离	美国IBF、日本JOM	非居民	须经当局审批、有分立的专门离岸账户（IBF）、严禁与在岸资金渗透
分离渗透	曼谷、新加坡ACU	居民、非居民	允许渗透（由内至外、由外至内、双向渗透）

资料来源：作者整理。

5.2.2 离岸与在岸资金的流通机制

根据前述不同的离岸市场组织模式，下面进一步分析离岸与在岸资金的流通机制：

内外分离模式以美国于 20 世纪 80 年代推出的国际银行设施（IBFs）作为典范。实际上，IBFs 并不是一种独立于银行之外的金融机制，而只是金融机构为记载在美国开展离岸金融业务而人为设立的一套独立的资产负债账户。按美联储要求，非居民禁止经营在岸业务，因此离岸业务与在岸业务实行严格分离。实际上，这种内外分离型的离岸金融机制是全球第一个在岸离岸式（Onshore Off-shore）的金融市场，之后在 1986 年被日本离岸市场（JOM）效仿①。

这种在岸离岸金融机制实施了较严格的管理措施，确保存放在 IBFs 上的美元与境内金融体系内流动的美元严格分离，以防止监管套利。首先，美联储将 IBFs 服务对象限制为非居民以及离岸金融机构，禁止向在岸居民提供借贷服务。如果从事在岸业务的本国银行从 IBFs 账户中拆借得资金，必须按规定缴存准备金，并视同为向离岸银行拆借。其次，美联储对 IBFs 业务的种类与期限做出限制。为了防止 IBFs 流动性过强而对在岸货币市场造成影响，美联储禁止 IBFs 发行各类可转换工具（如大额可转让存单、银行承兑业务及票据转让业务等），并规定存款最低额度为 10 万美元，须达到 2 天以上才能转账或者取现。

从 IBFs 机制推出以来，全美整个离岸金融业务总资产的 60% 左右用于海外银行拆借，并且以资金的短期运用为主。本国银行的 IBFs 账户是吸收存款的主要机构，并且向外资银行 IBFs 账户进行资金拆借。这种拆借方式占到外资银行总负债的 90% 。IBFs 机制使部分海外分支机构的非居民业务重新转回美国本土，创造了新的业务与就业岗位。作为离岸美元与在岸美元业务的联通，IBFs 并未对美国货币政策独立性造成影响。在美国废除利率管制、实现金融市场改革之前，IBFs 不失为联通在岸与离岸业务的重要过渡措施，如图 5 -7 所示。

---

①　日本的离岸金融市场的规定更为严格。本国企业的海外分支机构以及个人均不列入非居民的交易对象。

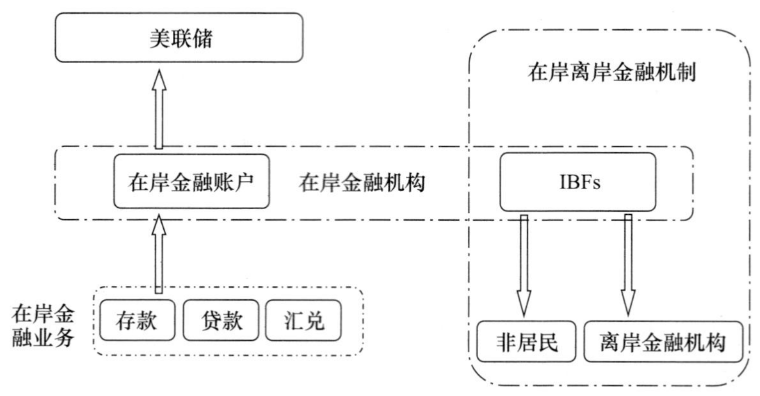

图5－7　美国IBFs的结构

资料来源：作者整理。

在分离渗透型的离岸金融机制下，在岸金融账户与离岸金融账户分立，但在居民与非居民的账户之间又存在一定的联通，具体分为由内至外、由外至内以及双向渗透三种类型：第一种是允许离岸账户向在岸账户渗透。这种类型被雅加达、曼谷等离岸金融市场采用。第二种是允许资金从在岸账户向离岸账户流动，但对于离岸市场向境内放贷却做限制。目前日本离岸金融市场采用的是这种管理模式。第三种模式以新加坡的亚洲货币单位（ACU）为典型，允许离岸账户与在岸账户的双向渗透。1973年新加坡放宽了离岸金融市场的限制，允许在政府允许的限额内，居民可用特定的货币向离岸金融市场投资，还允许以支持出口为目的向新加坡公司提供特定币种的贷款。①

一般认为，香港的离岸市场是基于在开放的在岸金融体系的基础上自发形成的。类似于伦敦欧洲货币市场的一体化经营模式，香港采取了内外混同的业务模式，离岸与在岸两种业务实施并账操作。对于核准金融机构的参与资质也

① 新加坡推出了"货币互换安排"，允许亚洲货币单位与外币的互换，为国内个人与企业提供充足的流动性。

不做区分。[①] 香港离岸市场对于境内、境外资金进出不征收利息税，外汇资金可不实行存款准备金制度，同时非居民与离岸金融机构还可以经营在岸业务与国内金融业务。

一直以来，香港地区政府对于金融业的监管奉行“积极地不干预政策”。中央银行的部分职能也长期由银行公会、汇丰银行等去承担。香港在 20 世纪 50 年代时已经形成了免税的境外货币借贷市场，也是东南亚与中国内地的转口贸易中心，资金结算中心。在 60 年代中期时，香港地区政府考虑到外币流入可能会对联系汇率制度造成压力，决定对境外存款征收 15% 的利息预扣税，但对于境外货币借贷交易实行免税。

香港的人民币离岸市场开始于 2004 年的 CEPA 协议。之后中国人民银行与香港金管局签署的“合作备忘录”规定了个人人民币存款、汇兑与汇款等清算安排，并规定中银香港为清算银行。这样一来，香港人民币离岸资金拥有了统一的清算体系。中银香港作为香港人民币清算业务的唯一清算行，将离岸人民币资金存放在中国人民银行深圳分行；人民币的跨境支付还可以采用跨境汇款模式，通过支付报文，寻求代理行支付；中银香港还为人民币业务参加行推出了人民币托管账户服务。参加行完成开户手续之后，可将离岸人民币资金清算行转存至参加行在人民银行的代理账户内。这部分存款并不反映在清算行的资产负债表上。人民币托管账户方案能有效地降低中银香港作为清算行的交易对手风险。从目前来看，离岸市场与在岸市场的人民币回流机制主要是通过跨境人民币的清算体系去完成，如图 5－8 所示。

从图 5－8 可以看出，在港的人民币离岸市场与内地人民币货币体系存在一定程度的单向渗透。离岸的人民币通过清算行以及代理行的非居民账户流回内地清算。这种清算模式可以在保持离岸存贷业务独立性的基础上，有利于控制离岸

---

① 不同于新加坡的分离渗透的离岸银行机制。新加坡的离岸业务的执照划分为全面性执照、限制性执照与岸外银行执照三种类型。

业务的规模以及对在岸业务的影响程度，为境内大型企业利用人民币离岸资金提供了便利。

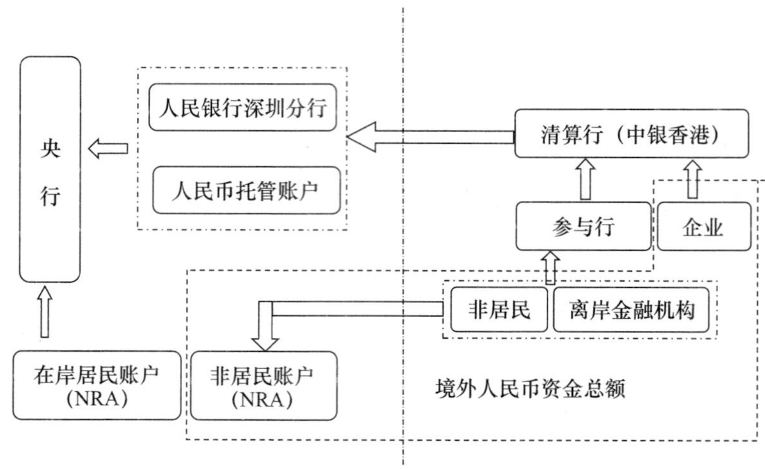

图 5－8　人民币离岸与在岸资金流通机制

资料来源：作者整理。

5.2.3　人民币离岸市场的资金供求

从资金供给方来看，近年来香港离岸人民币市场资金的存量主要来自于多边贸易结算。长期以来，人民币币值稳中有升，为蓬勃发展的我国跨境贸易提供了货币载体。2004 年，云南省还试行人民币结算的出口退税政策，并且无须提供外汇核销单据。从 2011 年开始，贸易结算业务的试点扩大到全国，同期人民币结算量突破 2.08 万亿元，同比增长逾 4 倍。从 2010 年全年数据来看，货物贸易中进口人民币结算额占人民币结算总额的 80%，货物贸易出口中人民币结算额的比重仅为 10%。这一贸易结算中的“跛足”特征造成了大量人民币流进离岸市场。另外，由于香港离岸市场（CNH）与内地在岸市场（CNY）上人民币汇率存在显著的价格差异，一般表现为人民币在香港市场上的汇率显著较高，因此

有用汇需求的内地企业就可能辗转通过各种途径将人民币资金转移至香港，在香港市场上兑换外币。这一套汇动因增加了香港离岸市场的人民币供给。

从资金的需求方来看，离岸市场上人民币持有动因主要是投机性的，即人民币稳定的升值预期引致的需求。如果在港居民和企业持有人民币资产（如现金、存款、人民币计价的离岸债券）的长头寸，并且以港元和美元计算投资收益的话，他们就能获得稳定的人民币升值收益。另外离岸市场的人民币需求出自交易动机。使用人民币计价并进行跨境贸易结算能规避美元汇率波动的风险，这对于周边对我国贸易依存度较大的国家而言能有效地保持进口的购买力，但是对于本币与美元挂钩的国家和地区（如香港）而言意义不大。再有，内地与香港之间贸易项下的资金循环已经不受限制，但内地的资本账户尚未开放且资金成本偏高，这使在香港进行跨境结算的企业与金融机构有动机将离岸资金汇往内地获取利差，同时内地企业也有动因进行跨境贸易及债券融资。

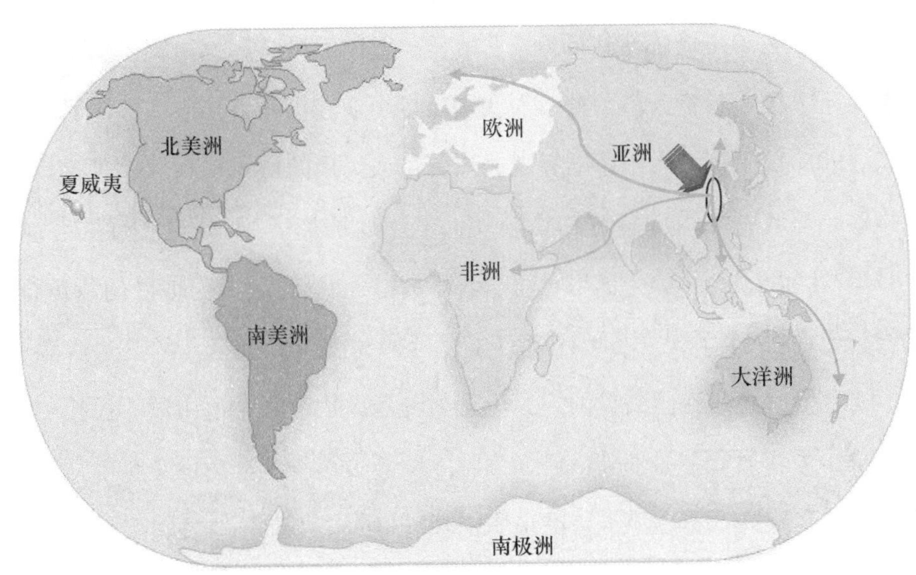

图 5－9　人民币离岸市场上的资金循环

资料来源：作者整理。

5.2.4 人民币离岸市场发展的驱动力

从宏观的视角来看，发展人民币离岸市场要求我国资本账户与经常账户默契配合，以维持国际收支的平衡与币值稳定，并在此基础上形成一定规模的跨境资金流通机制。美元与日元国际化的经验显示，离岸市场的蓬勃发展主要得益于资金供需两旺以及循环机制的通畅有效，并在不影响内地货币体系的前提下，建立跨境资金良性循环的通道。在现阶段，建设人民币离岸资金市场主要依赖于三大循环通道：内地与香港、香港与境外、内地与境外。

（1）内地—香港通道。

这是主要的循环通道，利用贸易结算与货币互换输出人民币，香港资金以投融资形式回流内地货币市场与资本市场。

2009 年 7 月，上海、广州等 5 个城市首批试点跨境人民币结算业务以来，企业对跨境贸易结算的需求一度强劲。跨境人民币贸易结算额在 2011 年实现逾 19150 亿元，较 2010 年实现了 500% 的增长。但进出口结算也出现了明显不平衡现象。由于人民币具备升值预期，而我国出口企业在国际贸易中一般不具备货币选择权，90% 以上跨境人民币结算以进口支付人民币的形式实现。这种进口支付人民币，出口收到外币的跨境结算模式，迅速地增加了离岸市场上的人民币存量。自 2008 年全球金融危机以来，我国积极开展同周边国家与地区的货币合作。人民银行先后与 15 个国家与地区签订了总金额约为 1.6 万亿元的双边本币互换协议。这部分互换到他国央行的人民币充当着基础货币的角色，以人民银行互换约定利率作为互换资金的基础价格，为国际贸易结算与投资提供资金。从金融产品的视角来看，内地资金流进香港主要依赖进口人民币结算、货币互换与套汇交易等。

由于人民币长期以来币值稳中有升，为迅速发展的我国跨境贸易提供了结算中的货币载体。随着人民币在周边国家流通逐步加大，我国政府也开始积极推动人民币在边贸中作为结算货币。2004年，云南省还试行人民币结算的出口退税政策。在朝鲜，人民币被称为“第二美元”；在缅甸，人民币也被当作硬通货使用，有“小美元”之称；在越南，人民币已经成为中越贸易的首选货币；在老挝，人民币甚至可以替代本币流通。人民币跨境结算自然形成于我国与周围国家频繁的贸易往来，并且经常项目收支为逆差。

香港发展离岸金融市场的一项重要定位是海外人民币的资产池。低风险的金融产品，如存款、债券、保单等，能增加人民币市场的流动性，减弱市场的投机气氛，应当是离岸金融产品资产池的主要品种；同时，高风险、高杠杆系数的金融产品，如股票、信托与金融衍生品，能提高人民币海外资产的收益率，增加境外人民币需求。针对各种风险偏好的境外人民币资产持有者，收益率差异化的金融产品均有较大市场空间。

香港离岸资金收益率普遍偏低，主要是因为离岸资金缺乏实际用途，并且没能形成离岸资金回流境内的有序机制。2010年8月，为了配合跨境贸易人民币结算试点，央行允许境外人民币清算行、参与行与央行三类机构投资银行间债券市场。这一举措相当于向离岸市场开放境内债券市场，为离岸资金提供银行间市场的基础收益率。银行间债券市场的广度有限，收益率较低，并且整体规模与GDP增长不成比例。为了进一步提高回流资金的收益率，央行进一步扩大了投资境内资金的额度，放松了投资标的的限制。证监会相关领导也曾明确表示人民币投资的RQFII规模能扩大10倍，并且进一步放宽限制。具体来看，回流资金渠道主要有银行间市场投资、RQFII、ETF、跨境套利、跨境融资等。

（2）香港—境外循环通道。

在这一通道模式下，香港作为人民币批发中心或最后贷款人输出离岸人民币，由于内地资本账户没有完全开放，海外人民币资金先存放在香港，再有序地回流至内地。

过去30年来，香港一直是内地最大规模的FDI投资方，占FDI总额的50%

强；同时，内地60%有余的ODI也是通过香港投资到世界各地的。2011年，中国内地与全世界人民币贸易结算总额中超80%是通过在香港的银行办理。超过70%的人民币离岸存款集中在香港市场，香港将成为离岸人民币的定价中心与批发中心，作为离岸人民币“银行的银行”，为全球各地银行和金融机构提供人民币清算与代理服务，为企业客户提供银行服务、融资及财富管理服务。未来香港作为离岸人民币批发中心的地位将日益凸显，伴随着香港人民币资产池的拓宽与深化，离岸银行拆借、外汇掉期、大额定期存单、利率互换、银团贷款等批发业务将获较大的增值机遇。

（3）内地—境外循环通道。

中国与周边国家贸易往来密切，内地通过经常项目逆差的方式输出大量人民币，其中大部分用于贸易进出口的结算，有少部分沉淀资金投资到香港或者中国内地，获取内地较高资金收益率与货币升值收益。

随着人民币在周边国家流通逐步加大，我国政府也开始积极推动人民币在边贸中作为结算货币。在边境贸易中，使用人民币作为结算货币能降低货币的汇兑成本，保持收付汇货币的购买力。如在朝鲜与缅甸，人民币也被当作硬通货使用，有“小美元”之称；在越南，人民币已经成为中越贸易的首选货币；在老挝，人民币甚至可以替代本币流通。2013年，在中国台湾，人民币跨境支付额超越美国与澳大利亚，成为第四大人民币离岸中心。频繁的贸易往来中自然形成人民币“周边货币”的地位。

两岸得以顺利地确立人民币清算机制，直接的动因在于便于贸易结算，并且降低汇总成本与汇率风险。2012年，两岸跨境贸易产生6000亿美元的资金流，使用本币直接清算的通道可以为两岸企业节省100亿元手续费，台湾企业每年可以节省3%的汇兑成本。便利结算的跨境贸易产品也将大行其道，未来两岸的信用证、出口押汇、人民币理财产品等将会获得较大的发展。我们应该关注到，我国经常项目逆差与资本项目顺差的离岸资金循环通道是具有内生性驱动力的，在

这部分资金中推行人民币结算与投资阻力较小，发展空间也较可观。

上述三种形式的人民币离岸资金循环机制构成了离岸市场发展的基本驱动力，如图5－10所示。从金融产品的视角研究，剖析资金流承载的动因与逻辑，有助于企业发现未来人民币离岸市场建设中蕴藏着的商机。

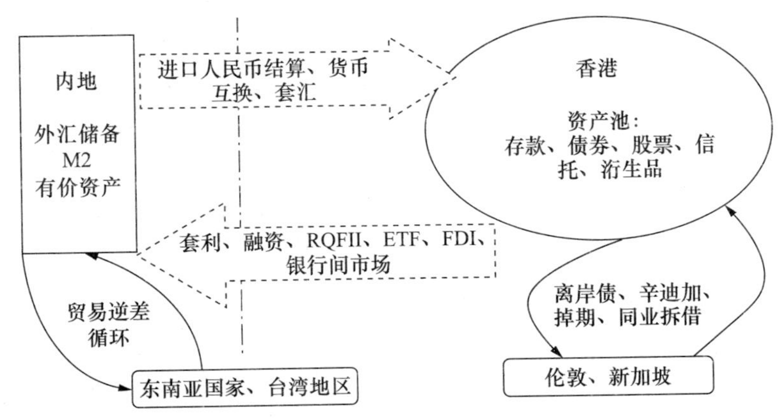

图5－10　人民币资金循环通道中的金融产品

资料来源：作者整理。

5.3　香港离岸市场金融产品的研发思路

香港定位于发展内外混合型的离岸金融中心，就像香港从事离岸LIBOR与HIBOR业务一样，内外混合型机制要求资金自由流动与市场定价机制。由于内地资本账户不开放与利率非市场化，香港离岸人民币市场必然呈现离岸与在岸市场分割的特点。这一方面造成了人民币投资回流机制缺失、离岸市场的资金需求方受限、金融产品市场高收益品种稀缺；另一方面，分割的市场造成了价格的

“双规制”现象，如 CNH 与 CNY 的正利差、NDF 与在岸 DF 的正利差、HIBOR CNY 与 SHIBOR 的负利差等。基于离岸与在岸持续价差的即期、远期套汇以及套利，产品研发也成为一条思路。

5.3.1 资金回流与高收益产品

现今，香港离岸人民币资产池的主要品种仍是人民币存款。在人民币汇率升值预期减弱的背景下，人民币定期存款能提供的收益率大约在 1% 左右。2010 年 8 月，人民银行放开三类金融机构投资银行间债券市场的决策，相当于为大额人民币离岸资金提供在岸债券的收益率。银行间债券市场的主要品种为国债、政策性银行与金融债券等，收益与风险偏低。一方面，随着未来前海金融中心建设，跨境贷款与跨境融资业务发展，将形成离岸人民币的贷款定价能力，同时也会推高离岸人民币存款的收益率；另一方面，通过发展香港离岸批发业务，满足全球对离岸人民币的结算、储值与投资需求，将提高作为离岸用途的资金的收益率，加强香港的定价与清算中心的地位。预计第三方的离岸债、人民币 CDs 业务、银团贷款、利率掉期等业务的规模将获得较大增长；伴随内地资本市场进一步开放，必然有更多的国际投资者以人民币的形式投资内地，分享中国经济的增长。按照证监会相关领导在亚洲金融论坛的推测，人民币境外机构投资者（RQFII）未来将有 10 倍的增长空间，达到 2 万亿元的规模。同时，ETF、人民币保单等长期投资品种均将获得长足发展。

5.3.2 资金流通与创新金融产品

为了满足人民币国际化的投资属性，应有相应的国际化“资产池”作为支撑，而香港开放的金融体系恰恰是建立国际化的“资产池”的最佳选择。

基于 2010 年以来境外人民币跨境结算相关办法，在原则上，人民币已经能通过全部的经常项目，以及资本项目的直接投资渠道进行资金循环。由于现阶段存在的人民币升值预期、企业定价权、存量不足等，2013年以前，进口贸易中人民币结算的数额占比达到90%以上。从资金流动来看，人民币资金流动主要依靠经常项目的贸易结算，而人民币资金回流则需要依靠直接投资放开与投资渠道的丰富。

人民币不可交割的远期外汇合约（NDF）在跨境贸易结算中运用广泛。NDF可以选择使用统一货币进行结算，能有效地回避货币自由兑换的限制。不交割本金（NDF）还能减少结算往来金额，降低双方信用风险，是衍生产品的发展趋势。另外，本金可交割远期（DF）有时也采用净额结算的方法，也能取得与NDF类似的优势。

人民币离岸NDF产品从1996年出现以来，主要存在于新加坡、中国香港与日本等离岸市场，发展缓慢，成交清淡。伴随着我国汇率波动的加大，NDF对人民币升、贬值预期反映更为强烈，成为影响人民币汇率定价权的重要指标。从目前境内、外人民币远期产品的结构来看，传统境内远期市场属于柜台市场，真正的银行间远期外汇市场从2005年才有所发展；境外人民币远期市场都不能进行本金交割，必须采用美元净额结算。在人民币逐步走向自由兑换的进程中，人民币交割的NDF是发展人民币跨境结算衍生产品的可行选择。

首先，现阶段实现人民币资金循环主要依赖于有市场广度与深度的人民币资产池搭建。其中人民币债券市场风险小、规模大、流动性高，同时便于离岸与在岸市场实现资金循环，还能完善离岸人民币利率期限结构与形成机制，被视为人民币离岸市场投资属性的产品的最佳选择。2010年开始，人民银行允许三类境外投资者参与内地银行间债券市场。债券市场作为资金回流境内的投资渠道将进一步向境外人民币投资者开放。伴随两地人民币回流机制启动，深、沪交易所债券以及各类债权类理财产品的需求会得到释放。

其次，股权投资是加速人民币离岸资金流动的另一条途径，其中规模大、交易活跃的应属跨境ETF类产品。郭树清曾在亚洲金融论坛表示，QFII与RQFII

的额度有望在现有基础上扩大10倍。在现行QDII与QFII的框架下，两地迫切需要推出两地挂牌的人民币计价ETF。ETF产品交易成本低廉、管理透明度较高，短期收益稳定而风险较小，长期的指数化投资收益突出，适合作长期投资使用。进一步可适时推出挂钩大宗商品、农产品、境外指数的ETF，在具有人民币定价权的指数产品上有所突破，也为境外人民币市场提供丰富的工具。

最后，在股权、债权类产品上开发的人民币计价的衍生产品还处于起步阶段，深、港两地金融机构具有较大的合作空间。新加坡、纽约、芝加哥已经开发人民币期货产品，可能会使人民币产品与国际大宗商品定价权旁落；另外，衍生类产品能有效地规避非系统性风险，增加债权与股权类产品的交易量。如信贷违约互换类产品（CDS）还能有效地分散信用违约的风险，能有效地揭示信用债券市场的风险等级与交易透明度。

5.3.3 贸易结算便利与风险规避

一般来说，投融资产品的丰富与资金循环渠道的通畅，是人民币离岸市场完善的标志。但实现这一目标的首要条件是在境外市场必须有足够的人民币积累。现阶段，我国主要依赖贸易项下大量的跨境人民币对外支付与货币互换实现境外人民币资金的积累。

从微观主体来看，企业对于跨境人民币结算的总体需求强劲。其一，具有国际贸易定价权的出口试点企业采用人民币跨境结算的意愿强烈；其二，进口企业利用境内外不同的市场利率与汇率进行办理组合产品的需求；其三，大型跨国企业利用海外资金成本低廉的优势，进行贸易融资的业务需求；其四，用人民币保函、信用证等进行国际结算，企业可以规避外债管理，延长业务期限，并且结算收款后不入公司待核查账户，能直接运用资金。

从银行的角度来看，跨境人民币结算并不仅仅是增加了一个结算币种，还是规避管制与配额的结算工具。使用外币进行结算所受的外汇管制与外债管理较为

严格。无论是开具信用证、保函以及其他各种跨境结算工具，人民币结算都比外币更为灵活，便于满足客户的个性化需求；伴随人民币结算业务的拓宽，各种结算工具与人民币金融产品也将层出不穷，银行的中间业务空间得到大幅拓宽；跨境人民币贸易结算还能减少银行的外汇头寸准备，相应地减少外汇贬值的损失。

5.3.4　跨境交投中的套利与套汇

截至 2013 年，以人民币贸易结算为主要内容的人民币国际化实际上打开了短期资本的流出通道，而逐步放开内地银行间债券市场与资本市场投资的举措又打开了长期资本的回流渠道。基于此，CNH 与 CNY 的正利差所带来的套汇操作与 HIBOR CNY 与 SHIBOR 的负利差造成的套利操作形成了跨境交易资金的循环通路。在汇率与利率定价机制尚未完全市场化之前，我们预计套利资金循环将得以持续，并且影响企业与金融机构的财务决策。

利用即期的汇率差套汇，操作上具体是利用海外分支机构，将付款、购汇等环节都放到离岸市场上完成。频繁进行两地进出口贸易的企业，考虑使用跨境信用证、海外分期代付、协议付款、预收延付、转汇款等结算服务，缩小外汇敞口，规避结算风险；对拥有投资境内资本市场的金融机构而言，双币债券、双币双股等工具也具备发展空间。

利用远期的汇率差进行套汇，主要思路是利用分割市场环境下 DF 与 NDF（或者期货）的持续价差。这里的 DF 指在岸的远期交易工具，要求进行本金交割，NDF 是离岸市场的无本金交割工具。远期价差套汇一般用于经营跨境贸易的企业。在岸以较便宜的汇价远期卖出人民币，同时跨境买入 NDF 人民币对冲汇率风险，实际上在远期套汇的基础上，同时实现了汇付人民币。类似的金融产品还有外汇掉期、人民币远期信用证等。

内地资金市场未完全市场化，社会的融资成本偏高，这使人民币套利机制较套汇机制有中长期存在的基础。内地企业竞相赴港融资，以发行人民币点心债，或者以“内保外贷”方式吸收香港低成本的人民币资金；同时套利资金也能以RQFII、FDI、NRA存款、人民币理财等形式流入境内，获取境内较高的无风险利息。

5.4 当前面临的一些突出问题

从国际经验来看，一国货币要想成为主要国际货币，离岸市场的建设是十分重要、不可或缺的环节。比如，欧洲美元市场的发展极大地推动了美元的国际化，日元的国际化进程也伴随着境外伦敦、新加坡等离岸市场的有力支持，伦敦、中国香港、新加坡、东京、纽约等境外离岸市场的发展对于欧元的国际化也发挥了重要作用。新加坡、伦敦、纽约等国际金融中心对发展人民币离岸市场表示出极大兴趣，中国台湾地区与新加坡更是取得了突破性进展。[①] 作为全球最大的人民币离岸中心，香港地区的人民币业务要想跃升到一个更高的层次，需要破解不少瓶颈和制约，解决面临的以下一些突出问题：

（1）人民币在贸易结算、融资及交易中普及程度仍偏低。

2009年以来，香港离岸人民币业务取得了十分迅速的发展。然而，受制于人民币国际化整体上仍处于起步阶段的现状，香港企业在贸易结算、融资以及日常业务交易中使用人民币的频率仍然不高。根据星展银行（DBS）2013年第1季度的调查数据显示，在受访的212家企业中，有74%的企业从未使用过人民币产品（见图5-11）。而港元与美元仍然是香港注册企业处理应收款、应付款、贸易结算中主要的交易货币，占比分别为73%与22%，只有2%的企业优先选择人

① 2013年2月，台湾银行开始接受人民币存款。同年4月，工商银行授权为台湾人民币业务的清算银行。

民币。同时，人民币使用方式仍集中于简单的产品类型。在使用人民币产品的企业中，40%使用外汇现货，28%使用储蓄与支票账户，人民币远期合约、保险产品、人民币计价的结构性产品等使用程度不足5%。在投资方面，离岸人民币市场的产品选择仍然十分有限。目前，只有一家公司在香港证券交易所以人民币股份挂牌。由于人民币贷款利率高于美元并且具有升值潜力，导致目前香港市场的人民币融资缺乏吸引力。仅1%的受访企业目前使用人民币融资，85%的企业表示未来12个月内不太可能申请人民币融资，人民币贷款使用意愿尤其低。总而言之，香港离岸人民币市场的发展除了宏观政策的支持以外，还必须得到众多微观市场主体对于人民币的接受和认可，这个过程不可能一蹴而就，需要一个较长的时间。

（2）香港人民币市场供不应求，表现为流动性趋紧。

2012年，在香港离岸市场升值预期消失的前提下，人民币存款与存款证（CD）保持了稳定增长的势头，尤其是存款证同比增长高达60%，一年期平均利率高达2.85%。2012年6月以来，香港离岸人民币利率明显上升，部分优质客户的一年期存款利率已达4%。上升趋势表明，香港离岸市场发展反映出境外强大的人民币贸易与投资需求。

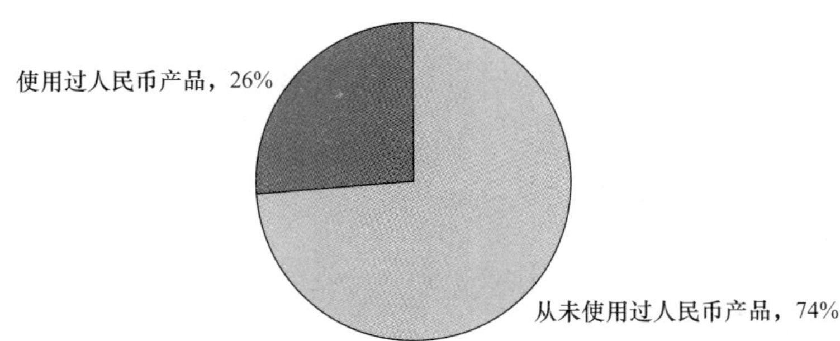

图5－11 香港企业人民币使用情况（2013年第1季度）

资料来源：DBS。

从供给方面来看，受离岸市场人民币升值预期减弱的影响，人民币资金池增速放缓。经常项下人民币资金输出速度减慢，人民币 ODI 规模仍相对较小；金融机构主动借入人民币负债渠道受限，并且不能覆盖全球各大时区，从而无法维护人民币的日常流动性。从需求方面来看，香港金融局放松了人民币资金使用限制，使部分机构资产管理策略倾向于积极进取，将之前存放在清算行的资金用于追逐高收益；伴随着内地银行间债市放开，RQFII 与 RFDI 的额度增加，抬高了离岸资金的收益率。

（3）香港人民币市场汇率基准初步形成，仍缺乏利率基准。

截至 2013 年，香港人民币金融产品挂钩的即期汇率是 2011 年 6 月由财资公会所推出的即期汇率定价盘结合 15 家报价银行的中间价格所公布的平均价。基于这一汇率定价盘开发的金融产品缺乏，交易规模小，真实成交的汇率实际以人民银行公布的在岸汇率（CNY）为基准，与人民币汇率定盘价存在着一定差距。

截至 2013 年，香港人民币银行间市场参考利率由 13 家银行报出，但由于受 LIBOR 事件影响，暂未制定出正式的香港人民币基准利率形成规则。香港金融管理局与财资市场公会宣布人民币香港银行同业拆借利率定价基准将于 2013 年 6 月推出，由 15 ~ 18 家活跃银行的报价再取均值，作为人民币贷款以及利率合约的定价参考与基准。由于与之相关的人民币离岸贷款业务不足，不同银行的同业拆息差距明显，在实际操作中，往往以远期隐含利率来测算资金成本。香港人民币市场缺乏基准利率，导致银行间拆借、人民币贷款等没有参考价格，也无法发展与利率相关的其他产品，特别是增加了人民币银团贷款和人民币长期贷款的定价难度。①

（4）资本项目筑坝导致离岸市场存在汇差与利差。

① 以汇丰银行和中银香港为例，大部分人民币贷款是短期贸易信贷，期限为 1 ~ 3 年。企业对长期人民币贷款的需求不小，但由于缺乏定价的基准，银行对长期贷款非常谨慎，导致长期人民币信贷供给不足。

2012年9月至2013年全年，CNH汇率持续高于CNY的趋势逐渐缩小，呈现双向波动的局面。2012年跨境汇率价差基本维持在50～100基点以内。2013年5月8日价差甚至收窄到8个点。随着人民币升值预期降低以及跨境市场联系更为紧密，在岸价格与离岸价格呈现“二价归一”的趋势。香港人民币离岸市场对货币资金供求的直接反映是银行同业拆息（HIBOR CNY）。它是以上海银行同业拆息（SHIBOR）为基础设定的，同时反映香港离岸资金的供求关系。事实上，这部分利率均大幅度低于SHIBOR。若以中银香港在2009年11月已经推出的银行同业拆息（HIBOR CNY）来看，2012年的间隔夜拆息就频繁出现150基点左右的利差。

在人民币升值背景下，套汇交易带来人民币资金的流出，套利交易带来资金注入。结合两种操作策略将形成无真实背景的资金循环，增加了在岸资金监管的难度。在市场分割的背景下，在岸利率更多反映内地资金面状态，离岸利率则反映香港市场的外汇额度及需求。资本项目开放前，二者差异将在较长时期内存在。这也带来了如伪造出口单据换汇，伪造进口单据融资，境外代付，不落地跨境换汇业务，“内保外贷”资金回流等一系列问题。

在岸与离岸市场的汇率与利率的交互作用机制主要是通过资本项目下的套利资金实现的。按照欧洲美元市场的资金流动状况，离岸市场上95%的资金为套利资金。目前资本项目下回流机制不畅通导致汇差与利差长期内无法趋同。人民币离岸市场下贸易及投资的资金运用渠道均指向在岸市场，无法形成资金的体外循环机制，长期来看必将降低离岸人民币市场的货币乘数。

（5）市场深度明显不足，资金运用渠道匮乏。

截至2013年，香港存量人民币有7000亿元，而在香港相关的离岸金融产品则只有1200亿元的规模。人民币贷款余款仅800亿元，比例极不协调。人民币即期与远期的交易规模只有20亿元左右。这使人民币收益率被拉低，存量规模始终无法向上突破。只有使境外人民币持有者、企业以及机构能便利地使用人民币，即拓宽回流渠道，才能够增强境外机构持有人民币的意愿。

债券市场一直是香港金融市场的短板，人民币点心债券的吸引力也远逊于直接开放内地债券市场。离岸市场上人民币债券占存款余额仅为41%左右，交易清淡，尚不能形成健全的收益率曲线。以人民币计价的股票仅有两只，人民币ETF共有4只，规模不超过300亿元。人民币金融产品的缺乏人为降低了离岸市场上的人民币需求，一度使得前期离岸人民币存量的扩张主要依靠升值预期来推动。

离岸市场深度的不足限制了金融产品广度的提升。香港市场上人民币存量有限，并且增速受到国际金融市场波动的影响，在特定时期呈现出市场缩小、交易清淡的态势。一般认为，只有人民币存款规模达到一定程度时，金融机构才有动力开发高收益的人民币产品。如人民币存款规模能达到1万亿元，在港上市的人民币股票才会顺利推出并初具规模。

5.5 热点问题讨论

人民币离岸市场发展与国内外宏观经济环境密切相关，涉及的配套改革众多，因此不可能会一帆风顺。本书主要围绕香港离岸市场发展及其涉及的重大问题进行探讨。

（1）离岸市场发展是否取决于人民币升值预期。

2011～2012年，离岸市场资金池的迅速增长与人民币的升值预期有一定关联。如图5－12所示，NDF代表的人民币升值预期与离岸人民币存款金额表现出一定的相关性。当人民币升值预期较强时，香港的人民币存款金额增长较快；在人民币自2011年下半年出现双向波动之后，存款余额的增长趋势明显减缓，甚

至出现减少。另外，从人民币贸易结算金额的快速增长来看，由于境外投资者选择通过贸易方式参与升值收益，因此人民币通过贸易结算流入香港也部分地反映了人民币投资需求。

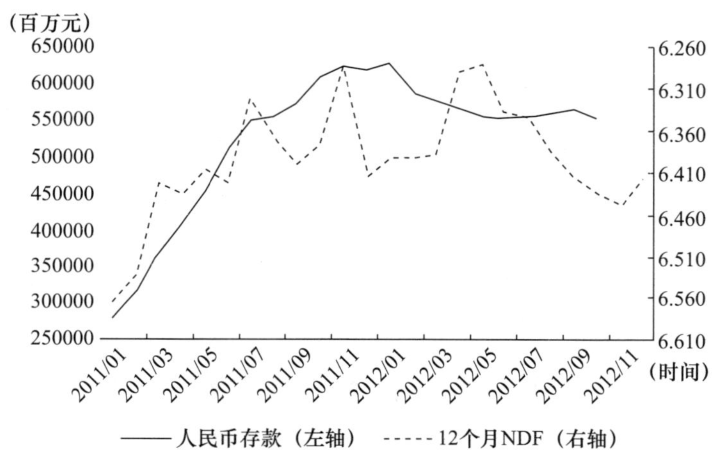

图 5－12 以 NDF 表示的升值预期及离岸存款规模

资料来源：Bloomberg，Wind。

长期来看，离岸市场的发展与人民币国际化程度关系更加密切。决定一国货币成为国际货币的最主要因素仍然是一国的宏观经济状况。当人民币在金融资产交易、商品与服务贸易结算中被更多地使用，并且被私人经济部门和货币当局认可并持有作为流动性资产和储备资产时，离岸人民币市场自然会面临更广泛且多元化的市场需求，其辐射的地域也将从周边国家逐步过渡到全球。从国际经验来看，美元、日元、欧元在国际化的初期均伴随货币升值的预期，但货币国际化的进程并没有随货币贬值而逆转，离岸市场也没有单纯因为币值的变动而出现大的变迁。当然，离岸市场需要不断提升广度、深度和流动性，从初期的规模增长转变至规模增长与结构性优化并重，更加注重提供多元化的金融产品和服务，降低贸易和投资的交易成本，服务于非居民以及第三方的境外使用。

（2）发展多个离岸中心是否弱化香港的优势。

除了香港以外，中国台湾、新加坡、伦敦等城市对于成为新的人民币离岸中心表现出极大的热情。2013 年，台湾与大陆贸易额接近 1700 亿美元，其中约 44% 以人民币结算；作为国际金融中心，2011 年底伦敦人民币存款规模已经达到 1090 亿元；新加坡中资企业众多，同时拥有能源与大宗商品交易的优势，也能开展人民币海外集中清算业务。这些城市在争当“第二大人民币离岸中心”的同时，是否也对香港的地位构成挑战？

香港发展人民币离岸业务的优势中期内难以取代。由于与内地实体经济联系密切，并且基础设施完善、法制健全、享受两地的政策支持等，截至 2013 年，香港已经事实上成为全球人民币业务的资金中心，人民币存款占比高达 75%，拥有人民币存款、贷款、汇兑、债券、贸易结算及融资等相对丰富的产品和服务，并推出了全球首个离岸人民币定价机制。在国家政策大力支持下，未来香港将继续保持国际金融中心地位，离岸人民币业务将形成其他地区难以挑战的巨大优势。以 SWIFT 发出与接收的人民币支付报文占全球交易量计算，排名前 10 的国家占据了 92.7% 的市场份额，而香港所占的比例更是高达 72.8%，远高于其他市场，如图 5－13 所示。

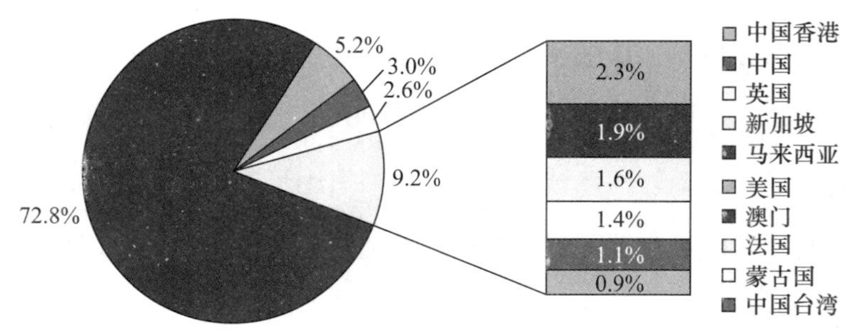

图 5－13　全球主要的离岸人民币中心支付量及市场份额

资料来源：SWIFT。

离岸中心多元化发展不妨碍香港形成自己的特色。从历史来看，国际货币普遍拥有多个离岸中心。美元除了拥有以伦敦为代表的境外离岸中心以外，美联储为了方便非居民以离岸货币进行金融交易还在境内设立了离岸金融市场 IBF（International Banking Facilities）；伦敦、中国香港、新加坡、东京、纽约等离岸市场对欧元的使用起到了很大的帮助；日元的国际化也伴随着伦敦等欧洲日元市场和境内 JOM 离岸市场的发展。未来，各个金融中心之间将形成不同的特点，服务于不同区域的经济贸易往来。香港将定位于成为全球最大的离岸人民币市场和定价中心，着重发展人民币外汇、债券与股票的交易。其他离岸市场则侧重于某一领域的发展并提供零售服务，如新加坡可以侧重于发展人民币期货交易中心业务，而伦敦在人民币资产管理业务方面有丰富经验，等等。

短期来看，人民币国际化仍处于起步阶段，各个离岸市场之间竞争远小于合作。人民币国际化是个渐进的过程，发展成熟可能需要数年时间。在起步阶段，各个市场将主要收获高速增长的人民币业务规模带来的成长性收益，并合力降低人民币市场参与者的管理成本和交易成本，增加人民币第三方使用的吸引力，扩大人民币资金池的整体规模。比如，台湾持续发展离岸人民币业务对香港而言存在不少商机，目前香港部分银行与台湾的一些银行在发行人民币债券方面已有合作，台湾保险商亦有投资香港发行的长期点心债，等等。

（3）前海改革试验区对香港离岸市场发展的意义。

2012 年 12 月，人民银行批复同意《前海跨境人民币贷款管理暂行办法》并且公布了细则，意味着前海地区跨境人民币贷款业务启动。短短一个月后，首批前海跨境人民币贷款项目由 15 家银行与 15 家注册在前海深港现代服务业合作区的企业签订，协议总金额约 20 亿元。截至 2013 年，海外人民币回流内地的渠道不太通畅，离岸人民币资金持有者多数只能选择银行存款，大大影响了人民币的吸引力。此次跨境人民币贷款 20 亿元的金额虽然不多，但意义十分重大，将是人民币国际化、资本项目开放、离岸人民币回流渠道拓宽的重要举措。

前海不仅定位于在岸金融市场改革的窗口，同样也是香港人民币离岸业务与内地在岸市场的连接点。随着人民币引进来和走出去，前海将有助于拓宽人民币离岸与在岸市场之间的资金链，香港的离岸人民币利率定价机制将发挥更大的影响，利率掉期等人民币衍生产品将拥有定价基准，国债收益率曲线将更加完整和具有代表性。更重要的是，前海发展的一个重要定位是深、港现代服务业合作，其中最关键的是创新金融服务业的合作。随着跨境人民币资产业务的不断拓展，香港人民币负债业务也会随之扩大，将有助于推动香港离岸人民币的产品创新、在岸与离岸市场连接创新（比如，股权交易市场、衍生品交易所）等，为香港人民币持有者提供更加多样化的投资机会，极大地巩固了香港国际金融中心的地位。

（4）回流渠道拓宽是否消耗离岸市场的流动性。

随着离岸人民币的回流渠道拓宽（如 RQFII、人民币贷款、允许进入内地债券市场等），有观点认为，拓宽回流渠道将消耗离岸市场的流动性。打开回流渠道与做大香港的人民币资产池并不矛盾，反而应当是盘活了离岸人民币资产，理由如下：

以目前市场的广度与深度，有必要建立适当的回流机制，增强在港人民币资金的流动性与盈利性，实现离岸资金的内循环机制。2009 年以来，人民币跨境贸易结算规模每年复合增长 250%，但离岸市场的规模曾一度出现下滑。在港人民币离岸金融产品只有 1000 多亿元的规模，人民币存量规模也无法向上突破。真正理想的状态是流出的人民币资金能够在海外市场沉淀，这依赖于人民币离岸资金体外循环机制的建设，人民币还远不具备这种实力。在体外循环机制缺失的条件下，打通在岸资金与离岸资金的双向流通机制，对于提高市场的广度与深度，提高离岸资金收益率具有重要意义。

从结果上看，允许人民币回流能实现与资本项目可兑换一致的效果，后者将进一步扩大离岸市场的人民币流量与存量。由于目前人民币回流的主要渠道

（RFDI、RQFII、前海贷款等）均为资本项目下的，拓宽资金回流渠道也意味着中国资本项目的进一步开放。如直接投资下的 RFDI 回流便是对 FDI（兑换成外币直接投资）的复制，而 RQFII 也可以看成 QFII（兑换成外币证券投资）的复制，未来还将扩大人民币 ODI、RQDII 等额度。2012 年，经过香港的直接投资总额为 1060 亿美元，如果大部分以人民币进行交易，至少每年带来 2000 亿元的跨境资金循环规模。

短期内，人民币回流资金将减少离岸货币供给，但长期内，将提升国际投资者对人民币的需求，有助于扩大离岸市场的交易量。离岸人民币资金回流具有一定的套利风险。由于资金回流经过资本项下，控制局部风险需要将流入人民币资金设定限制并及时监控，确保 RFDI 资金投入实体经济，前海人民币跨境贷款资金用于前海建设等。但是，离岸人民币存量占比内地货币体系不到 1%，总体上风险可控，同时伴随离岸人民币用途增加，跨境资金流动造成利差与汇差缩窄，增加汇率弹性降低了套利与投机性需求，未来第三方人民币使用也将大幅增长，最终实现人民币离岸市场的体内循环与体外循环互促共进的局面。

（5）资本项目开放后离岸人民币市场的作用是否会下降。

事实上，货币国际化、资本项目开放、离岸市场发展是同一趋势下互相联系的三个方面。国际货币实现计价职能与贮藏职能要求强大的离岸金融产品市场的支撑，离岸市场的发展也会倒逼在岸市场的国际化以及资本项下可兑换。历史上在主要国际货币的形成过程中，上述三个方面都是协调推进的。货币国际化完成的一个标志就是在资本项目可兑换的基础上，形成协调的在岸市场及离岸市场的资金循环机制。因此，即使将来资本项目开放后，离岸人民币市场的作用也不会下降。

在人民币国际化的起步阶段，若资本项下的离岸市场与在岸市场的循环渠道无法形成，香港势必将发展成为小规模、低货币乘数、自我循环的人民币离岸市场。目前，建设香港离岸市场首先是作为资本管制条件下，提供海外清偿力，推进货币国际化的一种探索。

将来，即便是资本项目完全开放后，离岸市场的存在也能大大弥补在岸市场不足，扩展人民币的全球影响力。首先，主要国际货币必须实现时区上的全覆盖，以便贸易与投融资均能在其方便、低成本的市场上完成兑换、融资、结算及支付。其次，国际货币的形成依赖大量的第三方使用。国际性的结算工具、计价手段、投融资功能、储备功能等，大部分与货币发行国实体经济无关。离岸市场却可以为此类国际性用途提供极大的便利。最后，离岸市场具备设施完善、法制健全、产品多样、服务专业、低税收、弱管制等特点，这些能极大地吸引非居民参与。相对于开放在岸市场而言，建设离岸市场能推动一国货币国际化程度更加可观。

5.6 离岸市场建设的前景展望

中国作为全球第二大经济体，2012 年的 GDP 已经占全球的 11%，贸易份额全球占比超过 10%，吸引 FDI 份额占全球 9%，但人民币结算份额仅占 0.6%。与经济地位严重不相符合的货币地位受制于人民币的不完全可兑换。我国经常项目收支日渐趋于平衡，汇率弹性不断增强，境外人民币持有意愿提升，内地金融改革正在加快，汇率市场化与利率市场化有望在两年之内初步实现，至 2015 年末资本项目将加速推进。

根据汇丰银行的估算，2012 年往后推 3 年，中国总贸易额的 30%（或与新兴市场国家双边贸易额的 50%）将以人民币结算。这意味着将有近 2 万亿美元的跨境贸易以人民币结算，届时人民币将跻身全球三大贸易结算货币；根据渣打银行的估算，2015 年中国的贸易总额为 5.9 万亿美元，用人民币进行结算的贸易额达1万亿美元，也就是说，人民币跨境贸易结算量将在未来5年内占到中国所有外贸结算量的15%～20%；英国的国际事务皇家研究院（Chatham House）测算显示，2020年贸易增长带来的人民币贸易结算量可达6万亿元，人民币在贸易融资中使用比例将大大增加。

离岸市场最重要的指标仍是CNH存款基础规模。其他主要指标（如资产基础和交易额）的增速均取决于存款规模。金融机构普遍预测未来3年香港离岸市场保持快速增长。通过假设人民币贸易结算维持稳定增长，人民币小幅升值预期及海外投资的稳步增长，3年内香港人民币存款有望达到2万亿元。主流的金融机构对人民币离岸市场的预测如表5－2所示：

表5－2　各大金融机构对香港离岸市场的预测

机构	时点	预测	依据
德意志银行	2011－3	2013年底人民币存款2万亿元	若2013年将人民币结算占贸易量比重提高至10%，假设中国贸易年均增长12%，人民币贸易结算数额将增长7倍，离岸人民币流动性比例为25%
汇丰银行	2013－1	2013年1万亿元，2014年1.5万亿元，2015年2.5万亿元	人民币贸易结算增长，人民币海外直接投资增长
渣打银行	2012－8	下调2012年预期到6500亿元，2013年底达到8000亿元	香港非居民存、贷款以及开户业务放开，人民币重新找回升值趋势
恒生银行	2013－1	2013年底升到1万亿元	跨境人民币贸易结算升到2.5万亿元；人民币存款占香港总存款的比例由不及10%升到2015年的25%
社会科学院	2011－4	2012年超过1.2万亿元，2013年超过1.4万亿元	未来3年内，人民币升值预期平均保持在每年3%；香港从2012年开始进入加息周期，存款利率每年增加1个百分点

续表

机构	时点	预测	依据
大和证券	2011－3	2013年底2万亿元，2015年3.3万亿元	人民币2013年期间对美元保持每年5%的升值2015年人民币贷款与存款比率约为44%，而贸易结算交易持续上升

资料来源：作者整理。

虽然各家预测结果差异很大，但总体上金融机构对香港人民币存款M2规模均持乐观态度。这主要是基于三项核心判断：一是人民币跨境贸易结算量的持续增长。目前这一假定数额已经超额实现。二是人民币对美元汇率持续升值。伴随着人民币汇率波动程度加大以及中国贸易收支趋于平衡，人民币升值速度正在趋于缓和。三是香港人民币的存贷比提升。如果人民币贷款业务能迅速扩大，香港人民币CNH基础货币的乘数也将大大提升。此外，仍然需要考虑资本项目放开带来的资金回流，以及台湾等离岸中心发展导致的资金分流等影响。依据日元国际化时30%的本币贸易结算这一经验数据进行综合考量，假定进出口结算比例为1.2∶1，截至2015年，香港离岸市场的人民币M2规模有望超过1.8万亿元。

未来更多的离岸人民币存款将转化为带来投资收益的人民币资产。伴随着前海跨境业务开展以及资本项目放开，2015年香港机构人民币跨境贷款超过2000亿元，离岸贷款金额也将呈现大幅增长。另外，根据德意志银行的预计，2015年离岸人民币的债券余额将超过1.3万亿元，人民币股票的余额也将达到750亿元。

离岸市场上的资金具备自由流动、规避管制的特点，这使外汇交易的增长潜力比其他任何资产市场都要大。从欧洲美元市场的经验来看，基于贸易与投资相关的外汇交易仅占全部交易的5%，其余均为证券投资、货币市场交易、套利、对冲与投机交易等。国际经验表明，国际货币绝大部分的外汇交易是发生在离岸

中心的。相比之下，人民币即期和远期外汇交易量的80%左右发生于内地。这意味着离岸市场第三使用及投机性交易能为外汇交易带来数十倍的提升。假设5年之内，内地资本项目开放初见成效，以及离岸人民币外汇交易集中在香港，CNH即期与远期的日均成交量将于3年内扩大3倍，达到800亿元。

表5－3　主要国际货币的离岸市场外汇交易量

国家	美元交易量占比（%）	欧元交易量占比（%）	日元交易量占比（%）
美国	21	22	17
英国	47	52	42
日本	6	3	28
其他	26	23	13

资料来源：BIS。

从政策层面看，2013年5月国务院常务会议表示将在年内提出人民币资本项目可兑换的操作方案。这意味着内地资本市场开放与跨境资金流动的规模均将大大增加。未来政策的着力点将放在限制较多、管制较严格的项目上。同期内地股票与债券市场将进一步扩大RQFII额度，审批扩大到全部在港金融机构并且以RQFII2形式开放；允许离岸人民币参加行进入内地银行间市场开展资金拆借与票据贴现业务，获取短期融资；允许将持有的点心债在境内市场进行质押式融资，以提升离岸市场流动性；同期人民币的个人跨境贸易结算及个人业务比重已有大幅提升，并且试点推出QDII2及QFII2制度等，试点个人跨境汇款业务，建立个人投资者对外投资方案。

为了迎接内地资本项目开放，抓住人民币外流机遇，香港同时也加紧基础设施建设及人民币产品开发。2013年4月，香港财资公会公布计划于6月推出人民币香港银行同业拆息定价。通过提供人民币贷款产品的定价基准，将促进离岸人民币贷款业务与利率掉期业务的发展。[①] 从沪港通角度看，香港金融管理局将进一步放宽人民币业务的监管要求，放宽同业拆息定价监管，并撤消人民币流动资产25%的比例限制。2013 年 5 月港交所也明确表示，过去 3 年已经建设好基础设施，计划逐步推出人民币买卖 LME 产品，亚洲区共同指数等。

① 2013 年 5 月 27 日，中国银行完成了首笔以人民币同业拆息为标准的人民币兑美元货币互换掉期交易（CCS）；5 月 28 日，香港以人民币同业折息为基准的利率掉期已经由渣打银行完成。

第 6 章
人民币国际化趋势下的企业商机

人民币逐步实现区域化与全球化，从单纯的结算职能到实现投资与储备职能，是我国金融发展的重要战略目标，也是促进经济转型的战略需求。人民币长期以来币值稳中有升，为迅速发展的我国跨境贸易提供了结算中的货币载体。我国的贸易与金融企业如何适应当前国际经济形势的压力，成功实现转型与升级，既要做出新形势下的战略调整，也要能从中找到“走出去”与“国际化”战略中蕴藏的商机。

在周边市场与离岸市场，作为结算货币的广泛使用为人民币投融资功能、保值储值功能的提升奠定了基础，香港已成为了实质上的离岸人民币结算中心、融资中心、产品中心与定价中心。香港离岸人民币业务自 2004 年开展以来，最初只涉及个人银行业务。跨境贸易的人民币结算试点于 2009 年推出，并于 2011 年推广至全国，并且不限境外地域范围。现时香港银行已经提供全面的包括存款、兑换、汇款、贸易融资财富管理在内的全面人民币服务。现时，香港拥有 75% 的人民币存量与 72. 8% 的人民币交易量，为外向型企业与金融机构开展人民币业务提供了全方面的支持。

人民币国际化的快速推进以及香港离岸市场的迅速发展将为我国的国际贸易

与金融带来业态上的变革。无论是外向型企业还是金融机构，人民币国际化提供了转移汇率风险、提升产品计价权、实现国际化经营、成功把握“走出去”的战略机遇期。在此背景下，外向型企业对金融产品和服务提出了新的需求，金融机构因此也增加了业务创新和新增利润来源。下面我们分别从外向型企业与金融机构的两类不同视角出发，探讨人民币国际化带来的战略机遇、应对策略及可能商机。

6.1 外向型企业的应对策略与可能商机

一般认为，资本项目下的完全可兑换，是人民币实现国际化的必要特征。这首先要求在离岸市场上必须有足够的人民币积累。现阶段，我国主要依赖频繁的跨境人民币对外支付与货币互换实现境外人民币资金的积累。

外向型企业对于跨境人民币结算的需求多元化并且强劲。在人民币国际化的战略背景下，外向型企业可享受的收益主要包括结算币种的转换，跨境投融资成本效益提高以及多币种背景下汇率、利率风险规避等。具体来看，具有国际贸易定价权的进出口试点企业采用人民币跨境结算的意愿强烈；大型跨国企业有动机利用海外资金成本低廉的优势节省财务成本；对于用人民币保函、信用证等进行国际结算的企业，还可以规避外债管理、延长业务期限、提高资金效率等。人民币国际化背景下企业收益与相关金融产品如表 6－1 所示。根据业务模式的不同，我们分别从结算、投资、融资、套利与套汇和资金管理五个角度探讨人民币国际化战略下外向型企业的应对策略与可能商机，如表 6－1 所示。

表6-1 人民币国际化背景下的企业收益与相关产品

主要功能	企业收益	涉及产品
贸易结算	核算成本、汇兑成本、金融工具费用	汇款、托收、信用证、NRA 账户
本币融资	贸易融资	出口信贷、贴现、押汇、保付、保理、福费廷
	人民币债券	点心债、离岸债
	人民币贷款	点心贷款、跨境贷款
直接投资	规避汇率风险，增加筹资渠道	BOT、BOOT、BLT
资金管理	规避汇率、利率风险， 提高资金归集与使用效率	BSI、LSI、CCS、IRS、资金池业务
套利与套汇	赚取跨境汇差与利差	内保外贷、内部公司贷款

资料来源：作者整理。

6.1.1 人民币贸易结算的多重收益

经营进出口业务的国内企业是人民币贸易结算的最直接受益者。

首先，结算收益直接体现在规避汇率风险、节省汇兑成本、节省金融产品交易费用、提高资金运营效率等方面。一直以来，由于人民币的有效汇率大幅升值，外币计价实际上令外贸企业承受了巨大的损失。如果人民币能够取得在部分行业与产品中的计价权，那么国内企业便能将汇率大幅波动带来的风险转嫁给交易对手方承担。2013 年以后，中国有可能在部分垄断性资源行业（如稀土）以及贸易逆差国家和地区（如台湾）首先取得人民币的计价权。

其次，推行人民币结算可以显著节省企业的货币汇兑成本。如企业与贸易伙伴的本地货币均不是美元，使用美元作为结算货币实际上需要经过两次汇兑。银行收取美元兑换人民币 1.25% 的汇兑费用。此时，使用人民币作为结算货币就可以节省一到两次兑换成本。目前，我国央行同 20 个国家和地区签订了规模为 2.2 万亿元的货币互换协议，其中包括 G7 国家：英国，欧洲地区 5 国，美洲地区 2 国，亚太区 13 国和地区。通过货币互换，使得本国商业机构可以借到对方货币，用于支付从对方进口的商品。[①] 在这些国家的进出口贸易中，推行人民币结算就相对容易。

最后，推行人民币结算还能节省金融衍生品交易费用。为了规避外币的汇率风险，国内进出口企业通常需要委托银行进行金融衍生产品交易。一般做法显示，外贸企业向中资银行买入3个月美元远期需要按交易金额的2.5%收费，卖出3个月的美元需要按照交易金额的5%收费。若以人民币做进出口贸易结算，这部分相关产品费用就能完全免除。

6.1.2 人民币跨境融资显著降低财务成本

SWIFT数据显示，人民币目前已经成为了世界第三大贸易结算货币。同时，中国巨大的贸易规模也推动了人民币的投融资需求。对于进出口企业而言，收到人民币结算资金的同时，一并支付人民币利息，能有效降低汇率风险与利率风险。况且，人民币的融资功能也不完全体现在贸易上，未来将更多地作为投资中所需要的融资货币。

第一，伴随人民币贸易结算的成倍增长，企业使用人民币贸易融资的需求将大大增加。一系列的人民币跨境贸易融资产品主要有信用证融资、出口信贷、托收（代收）、海外代付、押汇、贴现、保理等。

信用证及托收（代收）业务中的人民币融资只是将币种替换成人民币。受益方银行也能将货款收益卖断，做福费廷（Forfaiting）业务，将银企融资转化为银行间融资，形成二级交易市场以增加人民币贸易融资的流动性。用人民币保函、信用证等进行国际结算，企业可以规避用汇额度以及外债管理，延长业务期限，并且结算收款后不入公司待核查账户，能直接运用资金。

---

① 截至2013年8月，与中国人民银行签署货币互换协议的国家、地区央行及货币当局共有20个，其中亚太地区包括韩国、中国香港、马来西亚、印度尼西亚、蒙古国、新加坡、新西兰、乌兹别克斯坦、哈萨克斯坦、泰国、巴基斯坦、阿联酋、澳大利亚；欧洲地区包括白俄罗斯、土耳其、冰岛、乌克兰、英国；美洲地区包括阿根廷和巴西。

多数的海外代付业务中，进口项下与出口项下的海外代付均体现为境内银行指示境外银行代付货款。这种协议付款模式兼具贸易融资与跨境购汇属性，境内外进出口企业可同时获得境内外汇差与利差的双方面收益。这一业务的关键在于企业利用了境内银行的海外代理网络，获得了低成本的海外融资，同时与境内银行的远期售汇业务相结合，获得了升值背景下的汇差收益。

案例

全球首单人民币跨境贸易融资

2009 年 9 月，中国工商银行联合中国出口信用保险公司成功为深圳中兴通讯股份有限公司与印度尼西亚贸易伙伴之间的一笔进出口交易提供了人民币出口保理服务。这笔业务是全球首单人民币跨境贸易融资业务，开创了商业银行为跨境贸易提供人民币贸易融资的先河。由中国商业银行为跨境贸易提供人民币贸易融资，不仅可以有效缓解境外购货商人民币资金不足这一制约人民币跨境贸易结算健康发展的瓶颈问题，同时对帮助我国外贸企业防范收款风险和汇率波动风险，促进外贸产业的企稳回升和健康发展也将发挥积极的作用。

一般地，保理业务是指在贸易过程中，销售商一方根据销售合同以及相关协议，将应收账款债权转让或出售给银行，从而取得贸易融资的一种综合性金融服务。工商银行办理的这笔人民币出口保理业务，就是由该行购买中兴通讯因出口而形成的对其印度尼西亚贸易合作伙伴的应收账款。在这一过程中，工商银行内外联动的境内外服务网络为销售链上下游企业提供了细致周到的一揽子服务：其中，工商银行深圳分行协助中兴通讯设计交易方案并提供融资，工商银行印度尼西亚子银行为中兴通讯在印度尼西亚的贸易伙伴提供人民币兑换与跨境汇款服务。整个融资解决方案既满足了境内出口企业加速回款、提高资金使用效率和降低融资成本的需求，又解决了境外购货商人民币资金短缺的问题。

资料来源：《中国证券报》。

第二，人民币债券的推出为企业带来了低成本跨境直接融资的新渠道。伴随着在港人民币基础（尤其是人民币存款和跨境贸易结算额）的不断加固，离岸人民币债券成为了企业在港融资的最主要形式。企业在港发行人民币债券融资享有升值预期、融资成本低、灵活便利等优势，并且还无须境内外监管机构的审批。①

截止到2013年7月，香港市场上共有人民币债券246只。其中，点心债208只，规模2013亿元，平均的票面利率为4.06%；合成债17只，合计225亿元，平均票面利率为6.76%；其余为政府债。与同时期内地企业债和公司债的平均票面息率6.37%和6.78%比较来看，即使是发行离岸市场合成债也有利于降低公司的融资成本，而发行点心债则可以降低融资成本200个基点。

由此可知，企业发行离岸人民币债券的主要考虑是跨境降低融资成本，并拓宽融资渠道。对于中小企业与房地产企业而言，离岸市场人民币债券无疑是规避政策管制的一条跨境融资渠道。由于现阶段人民币在国际贸易与投资中的使用范围受限，企业往往将离岸市场上筹集的人民币资金通过掉期转化成美元使用。2010年底，香港市场出现了创新型人民币债券品种——合成债（Synthetic Bonds）。此种债券以人民币发行，以外币进行结算，显然是结合了人民币点心债与货币掉期的双重功能。人民币合成债发行成本低，无须国内监管部门审批，减少了换汇成本，筹集资金容易回流在岸市场，从而持续受到发行主体热捧，成为内地房地产企业的重要融资渠道。截至2013年，香港离岸市场合成债券发行人约50%都是内地房地产企业。

从表6－2可以看出，合成债提供的票面息率一般高于点心债，但是地产商却热衷于发行融资成本更高的合成债，并将筹集资金换汇输入内地使用。这背后

① 根据2010年香港金融管理局发布的《香港人民币业务的监管原则及操作安排的诠释》，除非涉及发行主体须将所募集的资金及债券做跨境使用，目前世界上任何一家公司发行离岸人民币债券无须香港或者国内监管部门专门审批。

的原因在于境外人民币回流机制不健全。金融监管的基本政策将境外人民币视同“外币”管理，并且需要各地外管局及央行逐步审核，批复时间多在 2～3 个月。相反，企业发行合成债之后融得的境外美元资金，可以通过 FDI 的渠道输入内地，这一通道一直较为畅通。

表 6－2　人民币点心债与合成债的比较

	点心债券	合成债券
投资者主体	需设立人民币账户	无须持有人民币基金
发行主体	境内外企业	内地房地产企业或境外上市的国内企业
平均期限	3 年	3～5 年
票面息率	4.06%	6.76%
流动性	<2 亿元	5～10 亿元
回流机制	一事一议审批	现行结售汇制度

资料来源：作者整理。

第三，人民币点心贷款与跨境贷款成为了企业跨境间接融资的新方式。由于负债方往往愿意借入走势疲软的货币，香港人民币离岸贷款需求清淡。汤森路透（Thomson Reuters LPC）的数据显示，自 2010 年 12 月第一笔交易以来，香港市场完成了不到 10 笔点心贷款，其中人民币计价部分总计约为 46 亿元。这与离岸人民币存款 7000 亿元的规模比较而言显得微不足道。

人民币贷款（以前海为例）1 年期贷款利率最低可达到 4%，低于内地 6% 的基准水平。另外，它对于发放贷款的银行（大部分是中资银行），也是多元化资产配置的重要方式。2013 年 1 月，15 家香港银行向注册在前海的 15 家企业发放了 20 亿元的人民币贷款。尽管没有公布具体的利率水平，但比照香港的 4% 左右的人民币贷款利率，前海人民币贷款利率很可能介于内地与香港之间，且显著低于内地 6% 的基准水平。贷款利率水平将更趋灵活，更加反映市场供求状况。

案例

内地首家非银行金融机构在港完成人民币银团贷款

2012年9月12日，内地首家非银行金融机构在香港完成离岸人民币贷款。12日，恒信金融租赁有限公司在香港完成离岸人民币11.45亿元定期离岸银团贷款。

该笔贷款为迄今最大的定息离岸人民币点心贷款，也是首次由内地的非银行金融机构完成的离岸人民币银团贷款。最终融资金额由原定的人民币10亿元提高至11.45亿元，共有六家国际银行参贷。主办银行分别是中国工商银行（亚洲）有限公司、渣打银行（香港）有限公司和美国银行。贷款为3年期，票面利率为5%。

恒信租赁在内地银团贷款市场上一直很活跃，而2012年以来该公司开始筹集离岸资金，以求实现资金渠道和投资者基础的多元化。2月，恒信租赁成功在台湾市场完成首宗8000万美元跨境银团贷款，年期为2年，年化利率为LIBOR上浮2.50%，这也是首宗以中国大陆租赁公司为借款人的跨境银团贷款。这次成功启发了公司在香港筹组离岸人民币银团贷款。

恒信租赁是中国最大的独立融资租赁公司之一。它由TPG Capital（美国德太投资）[①] 全资拥有并管理，向公共机构及中小型企业提供各类设备融资和租赁服务。数据显示，截至2012年上半年，恒信租赁的合并总资产增长55%至人民币95.29亿元，合并净收入同比增长一倍以上，至人民币1.58亿元。

离岸人民币贷款币种与公司资产收益相配，有自然对冲的优势。5%的离岸融资利率远远低于境内人民币贷款利率。银团贷款在币种上选择人民币，可以省去结汇的麻烦，能于六个月内灵活地多次提款，完全地配合了营运需求。公司认为：开拓境外融资渠道，有助于实现融资多元化、工具多样化和成本市场化的经

① TPG Capital 是全球领先的私募基金之一，目前管理资产约515亿美元。

营目标。这也是公司资产负债管理策略的组成部分。作为主营业务在内地市场的融资租赁公司，其内地银行授信和银团贷款能满足其业务开展需要。不过该公司正在准备通过ABS[①]等工具开拓新的融资渠道，同时考虑在香港市场发行点心债等方式筹资。

资料来源：《上海证券报》。

2012年底出台的《前海跨境人民币贷款管理暂行办法》中规定跨境人民币贷款须用于前海的建设与发展。以往的贷款都是短期的，这是首次允许境外的银行提供中长期贷款。另外，前海跨境人民币贷款也不完全是单向的。2013年1月，中国建设银行、交通银行与联富国际发展有限公司、宝能国际（香港）有限公司签署了金额达6.2亿元投向境外项目的人民币贷款协议。借助跨境融资的优势在于，可以使跨国公司充分利用国内外资本市场，扩大融资规模，分散融资渠道，从而降低筹资成本并减少其风险。但这就要求跨国公司对不同国家的资本市场和相关法律有准确的了解。

6.1.3 人民币境外直接投资提高资金管理效率

在人民币处于长期升值通道时，企业如果使用外币直接投资，将承担较大的汇率风险。如项目预期收益率达10%，但人民币升值5%，则以本币计的投资收益率比贷款融资利率还低，投资项目变得不可行。使用境外人民币直接投资则可以较好地回避汇率风险，以人民币支持的ODI还能简化手续，促进投资的便利化。[②] 以本币形式的直接投资减少了购汇环节，免去了外汇账户的核准、开户与结汇的程序，还能利用跨境资金的结算渠道缩短付款周期，提高资金的使用效

① 也叫资产担保证券或资产支撑证券，由银行、信用卡公司或者其他信用提供者的贷款协议或者应收账款作为担保基础发行的债券或票据。

② 企业从提交人民币ODI到完成，一般只需要2个月的时间。

率。一般地，“走出去”的集团公司之间往往有频繁的资金往来，运用人民币ODI就可以实现同币种的风险对冲，降低资金错配风险以及合并报表的汇率风险。

境内企业的人民币海外直接投资（人民币ODI）属于资本项下，基于《境外直接投资人民币结算试点管理办法》，必须通过逐笔登记的形式。截至2012年，使用人民币结算的ODI只占对外直接投资总量的6%，参照人民币FDI占比FDI总额36%这一比例估算，未来增长空间可达8000亿元之多。我国对外投资总额的65%是在香港或者通过香港投向海外市场。香港已经成为中国对外投资的重要窗口。我国企业“走出去”的最主要的需求是融资服务，如何利用离岸市场融资，探索创新融资方式，成为我国企业“走出去”面临的挑战。

相应地，商业银行也应利用人民币国际化的战略机遇，在海外合理布局，为企业提供全方位的融资服务。在人民币代理清算、人民币跨境金融市场、人民币海外融资等领域，中资金融机构都能为“走出去”的中资企业提供支持。比如，利用直接投资与分红派息的组合，即内地子公司利用人民币向香港或者海外的母公司派息分红，就能部分简化审批流程；[①] 与专营海外贷款与投资的基金合作，为海外投资项目引入风险资本等。

人民币ODI顺利实施主要在于项目融资的配套服务，手段包括直接的贷款或对外提供担保，支持企业的境外收购或投资建设，支持以设备、以实物为投资，开具投资保函、跨境供应链融资与并购贷款等，支持中国的对外工程承包和劳务输出。同时，海外直接投资应该以采用项目合同作为担保的模式，积极引进新的融资方式，支持以BOT（Build－Operate－Transfer）、BOOT（Build－Own－Operate－Transfer）、BLT（Building－Lease－Transfer）等方式开发承建海

① 具体的操作程序是：子公司以人民币在境内投资，并将产生的股息分红汇出境外。其中汇出境外的派息可作为新项目投资的资金来源，以减轻集团母公司筹集资金的压力，形成畅通、有效的人民币现金流。

外项目，有助于对外投资与承包项目开辟新资金来源，帮助企业规避汇率风险。

6.1.4　重视短期、中期的人民币跨境套利与套汇商机

两地市场分割为跨境经济贸易活动带来了套利与套汇的空间，预计在资本账户完全开放之前，这种现象将持续存在。

在对外贸易中，如果出口商能够直接从海外收到人民币，无疑是最理想的选择。在离岸人民币业务尚不完善的阶段，鲜有贸易产品与地区能满足上述条件。但是，离岸人民币海外资金平台实际上为海外进口商提供了一个次优选择。他们能通过离岸人民币货币市场获取更优的换汇价格。一般地，离岸市场上人民币卖出价比内地贵约 100 个基点，买入价比内地市场便宜约 30 个基点，即离岸外汇市场比内地市场拥有更窄的买卖价差。企业从离岸资金平台上进行人民币资金归集与结算能节省大约 1% 的财务成本。

跨境人民币贸易结算政策实质上打开了短期资金的流出通道，而逐步放开内地银行间债券市场与资本市场投资的举措又打开了长期资本的回流渠道。基于此，CNH 与 CNY 的正利差所带来的套汇操作与 HIBOR CNY 与 SHIBOR 的负利差造成的套利操作形成了跨境交易资金的循环通路。在汇率与利率定价机制尚未完全市场化之前，预计套利资金循环将得以持续，并且影响企业与金融机构的财务决策。

套汇操作上具体是利用海外分支机构，将付款、购汇等环节都放到离岸市场上完成。频繁进行两地的进出口贸易企业，考虑使用跨境信用证、海外分期代付、协议付款、预收延付、转汇款等结算服务，缩小外汇敞口，规避结算风险；利用远期的汇率差进行套汇，主要思路是利用分割市场环境下 DF 与 NDF（或者期货）的持续价差。这里的 DF 指在岸的远期交易工具，要求进行本金交割，NDF 是离岸市场的无本金交割工具。远期价差套汇一般用于经营跨境贸易的企业

中。在岸以较便宜的汇价远期卖出人民币，同时跨境买入 NDF 人民币对冲汇率风险，实际上在远期套汇的基础上，同时实现了汇付人民币。类似的金融产品还有外汇掉期、人民币远期信用证等。

从套利操作上来看，内地企业竞相赴港融资，以发行人民币点心债与跨境贷款方式吸收香港低成本的资金；另外套利资金也能以 RQFII、FDI、NRA 存款、内保外贷[1]、贸易融资、人民币理财等形式流入内地，获取内地较高的无风险利息。

对于集团公司来说，利用下属公司之间的资金调拨现实跨境资金套利也更为隐蔽。随着未来中国熊猫债券市场对境外机构的放开，在同一控制下（同一集团层面）的海外金融机构，是否会利用在岸、离岸市场分别发债的方式，再通过内部公司贷款（Inter - Company Loans）或净资产注入（Equity Injection）等内部投融资方式在集团层面套利。国内监管机构不可能监管海外机构（集团层面）内部资金分配及流动，导致了实际操作层面存在跨境套利空间。

案例

贸易项下与非贸易项下的内保外贷业务

浙江省泰兴市皮具加工与生产企业在香港设立泰兴（香港）公司。泰兴市每个月在内地销售额约为 2000 万元，泰兴市与当地 A 银行谈妥将这笔款项质押给当地银行。A 银行随即与泰兴签订包括银行当地分行、银行总行离岸金融部和母公司及子公司在内的四方协议。分行冻结此款项后向离岸金融部发出保付函，离岸金融部随即向香港子公司开出人民币备付信用证。香港公司以此向香港银行融资。2011 ~2012 年，母公司以这种方法定期与银行开展 4 次业务，从而解决境

① “内保”就是内地企业向内地分行申请开立担保函，由内地分行出具融资性担保函给离岸中心；“外贷”即由离岸中心凭收到的担保函向境外企业（与内地企业是关联企业）发放贷款。将这笔钱通过对内地第三方企业注资或者购买股权等方式回流内地，然后再找渠道回到最终需要贷款的企业手中。目前，“内保外贷”只限于贸易项下资金境内外往来，因此银行在此间操作涉嫌违规。

外融资难以及内地融资成本高的难题。

香港华贸公司持有上交所上市的乐华公司10%的股份。2011年华贸与上海C银行谈妥将其10%的股份分红留在C银行，并以其10%的股份质押给C银行以得到总额为2亿美元的外汇授信与贷款。C银行上海分行与其离岸金融部门会同华贸与乐华公司签订四方协议，约定华贸在上海的分红和利息由乐华公司划入上海分行指定账户并作为华贸利息支付由C银行直接扣除。

内保外贷模式涉及银行授信业务，主要包括项目融资、进出口信用证、贸易融资与流动资金贷款。协议要求内地银行为企业提供对外投资担保、外汇贷款、一般贸易、分红与外管批文服务，境外银行要求内地银行执行严格的银行监管与保证。内保外贷的境外借款主体即境外企业必须具备中资法人背景，内地公司在香港或者境外直接设立的公司不算作中资法人背景。

在国内信贷收紧的背景下，除了通过外管局、商务部等正式核准的渠道外，内保外贷等"绕道"方式受到追捧。这不仅因为它能降低融资成本，缓解银行贷款难度，同时，办理内保外贷业务还可以获取套利与套汇的收益。具体地，在办理内保外贷业务的同时，企业还可以运用人民币NDF业务提交锁定汇率升值的收益；内地企业香港子公司从香港获得贷款后，除了用于业务经营，也能通过贸易渠道将部分款项汇回内地母公司。在为内地企业融资的同时获得境内外利差的收益。类似地，信托与委托贷款、企业内部定价转移与资金结算等通道，也能实现跨境融资与套利套汇的目的。

资料来源：丁玉萍．内地香港联手再堵内保外贷［J］．21世纪经济报道，2011（9）．

6.1.5 人民币资金管理业务对冲风险

以人民币计价的财务报表能实现汇率风险的自然对冲，外贸企业的成本与收益也得以清晰地固定下来，从而汇率波动的风险转移给交易对方。同时，货币转换成本的降低还能显著提升资金使用效率，减少人力资源的投入，有利于企业加速运营资金周转等。

第一，如果进出口贸易中不能实现完全的人民币计价，企业可以追求汇率风险管理的“次优”策略。现阶段推行人民币国际化战略，进口企业支付的人民币是强势货币，很容易被另一方接受，但进口企业收到的往往是作为弱势货币的外币。这就需要我们用汇率风险管理的策略，例如将本企业的应付账款和产品与服务的销售相匹配，将应收账款与外币债务相匹配。出口企业签订出口合同，预期将来收入的某种外汇可能出现贬值，则运用 BSI（Borrow – Spot – Investment）① 与 LSI（Lead – Spot – Investment）② 策略，同时实现了规避汇率风险和增加投资收益的目的。

第二，企业跨国化经营也增加了资本筹集与运作过程中的利率风险。我国绝大多数企业的跨国并购都涉及巨额资金支付，如果能拓展融资渠道，提前锁定利率，能为财务运作节省资本开支。伴随人民币的跨境使用，跨国企业的跨境融资渠道明显拓宽，此时也应当运用多币种的利率风险管理策略，降低财务成本，甚至实现跨境资金套利的目的。比如，利率掉期工具（IRS）能实现固定利率负债与浮动利率负债间的转换，便于实现跨境融资的比较利益。货币互换工具（CCS）则在降低跨境融资成本的同时，还能实现资产负债的币种转化。将互换与掉期工具灵活搭配使用，能在币种选择、信用增强、跨境融资等方面强化资产负债管理，将汇率与利率风险降低。

第三，集团公司还能通过人民币资金归集以及资金池业务，统一管理整体的人民币离岸资金，提升营运效率以及成本效益。企业能将香港以及境外的人民币

---

① BSI 方法的具体做法：马上借入一定量的该种外币，然后将其兑换成人民币，将这笔外汇存入或投资于金融机构，从而获取利息收入，并在到期之时用将来收到的外汇货款归还外汇借款。

② 若采用 LSI 方法，具体做法：对于应收账款，企业在征得交易方同意的情况下，给交易方一定折扣，要求其在短期内付清这笔货款，企业取得货款后，立即通过即期合同将外币换成本币，投资于本国货币市场。提前收款消除了时间因素风险，兑换成本币又消除了汇率风险。

归集到母公司内部财务中心，也可以统一管理属下机构的人民币对外支付交易，降低资金汇兑与交易的成本。如人民币跨境归集业务，可以将企业在境内闲置资金放到全球的流动性资金池里面去，便于企业在全球范围内布局业务。又如，从2009年8月起，国家外汇管理局明确境外机构可以在境内开立外汇账户（NRA账户）。NRA账户的开立以及从境内外收回、划转、与离岸账户间划转及支付，均无须经过国家外汇管理局审批。跨境资金集中模式还能将境外分散资金统一集中到境内NRA账户，能形成全球统一的资金池，便于有全球高度集中管理需求的企业调拨跨境资金。

6.1.6　人民币跨境策略组合运用

对于内地进出口企业而言，多重策略的组合运用能实现锁定汇率风险、套汇与套利的多重收益。现阶段跨境人民币结算组合产品主要是运用远期信用证、境外贴现融资，境外NDF三者的结合。例如人民币远期信用证与配套远期交易（DF）：内地银行开立人民币远期信用证给香港企业，香港银行提供出口信用证买单以及人民币远期（DF）服务。如此，香港企业可以通过外币融资节省财务成本，借助人民币DF提前锁定汇率风险。具体的操作流程如图6-1所示。

具体的产品设计方法多种多样（如在各种策略组合中引入协议付款、跨境转汇款等），但都在最大限度地对冲外汇交易的风险的同时，还充分赚取跨境的利差的收益。对于贸易背景下在境外有关联公司的进口企业，可以通过组合类贸易融资产品，实现整体收益最大化。组合类贸易融资产品可以使境外关联公司获得低成本贸易融资，比如利用人民币NDF进行保值与套利，最终形成境内、境外双赢局面。

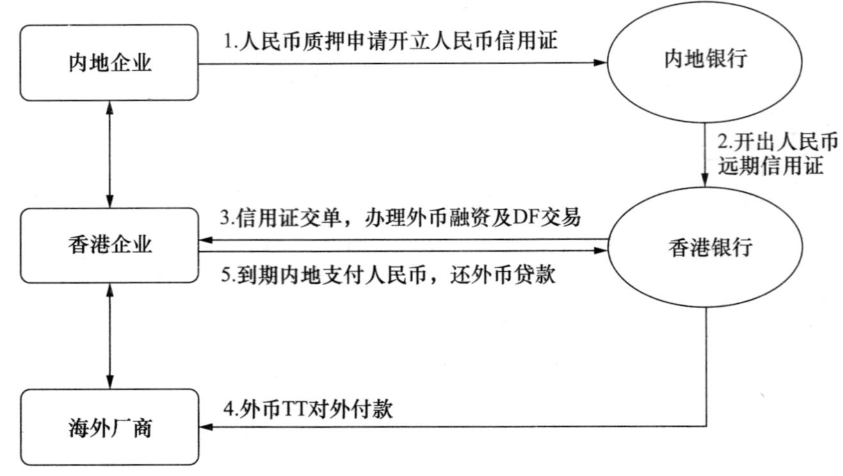

图 6－1　利用信用证与人民币远期融资组合产品

资料来源：作者整理。

6.2　金融类企业应对策略与可能商机

一直以来，香港金融业（尤其是银行业）十分看重离岸人民币业务的发展，将之视为未来盈利增长的新引擎。人民币贷款需求增加，再加上离岸投资产品不断更新，人民币投资途径更为多元化，令银行业对人民币资金的争夺更为激烈。2012 年以来离岸人民币存款利率大幅上升，由以前不足 1% 提升到年底的逾 2%，反映了香港离岸市场在多元化方面取得的显著发展，这也是香港人民币离岸市场发展的一大亮点。多元化的投资产品将为沉淀在港的人民币资金提供更多的投资渠道，有助于促进离岸人民币市场朝着更健康、更可持续的方向发展。我们预计，香港人民币资金池将会由人民币投资产品多元化和人民币资产类与中间类业

务的迅速增长驱动，促进人民币在香港离岸市场实现自我循环及体外循环。香港离岸金融机构主要经营的人民币业务如表 6 – 3 所示。下面分别从资产类业务、负债类业务、中间业务、金融市场业务角度对金融机构人民币业务的趋势、策略与商机展开分析。

表 6 – 3　金融机构离岸人民币业务

业务种类	主要产品
零售与公司银行业务	存款：常规存款、结构性存款、存款证（CD）、支票、银行卡、汇付、理财产品 融资：贸易融资、贷款、预付
金融市场业务	债券发行、投资基金（跨境或者离岸）、大宗商品挂钩产品、REITs、ETF、权益融资
货币与外汇业务	即期、可交割远期与期货、NDF、外汇期权、互换
保险业务	保险计划与产品

资料来源：香港金融管理局。

6.2.1　离岸资产类业务将迎来增长期

第一，点心贷款与跨境贷款享受离岸市场的低成本优势。人民币贷款业务显著增长是 2012 年香港离岸人民币市场发展的另一个亮点。截至 2012 年 10 月底，人民币未偿还贷款余额为 701 亿元，较 2011 年底的 308 亿元上升超过一倍。相对于 5500 多亿元的人民币存款来说，人民币贷款还有很大的想象空间，预期随着人民币 FDI 推动，2013 年人民币贷款还会保持高速增长。

在点心贷款方面，香港银行提供不同种类的人民币贷款服务，包括人民币流动资金贷款、项目贷款以及银团贷款。在 2013 年 6 月香港同业拆借定价基准推出以前，香港一度缺乏贷款基准利率，香港点心贷款利率往往是参照同业利率、存款利率与在岸贷款利率的前提下双方协商敲定。例如，2011年9月，在贷给公司亚洲联合财务有限公司（United Asia Finance Limited）一笔3亿港元等值3年期的银团贷款中，人民币贷款的指导价为中银香港3个月同业拆借加上130个基点，即3.12%。这样，即便考虑人民币每年以3%的速度升值，融资成本仍然比内地要低。①

在跨境贷款方面，深圳前海跨境人民币贷款于2013年1月启动。首批跨境贷款26个项目签约，涉及深、港共15家银行与15家企业，协议总额约20亿元。当时人民币跨境贷款主要目的是招商引资，解决前海建设基金的资金缺口。前海的跨境贷款只能用于基建、物流、营运建设，不得投资有价证券与金融衍生品、委托贷款、购买理财产品或者购买非自用房产②。贷款行业集中在电子商务、物流、供应链三大产业。现阶段贷款使用尚局限在基础建设，两三年后，实体经济进入良性运营时，才有可能爆发新一轮的劳动资金需求。

无论是点心贷款还是跨境贷款，大规模融资的主要形式都是银团贷款（Syndicated Loan），并且绝大部分为多币种贷款。银团贷款具备金额大、限期长、贷款条件优惠，既保障项目资金及时到位也能降低融资成本的优势。相对于在岸市场，离岸人民币市场具备明显的资金需求大、融资成本低的优势。预计随着未来离岸人民币流动性增强以及升值趋势放缓，拆息定价盘的推出将带来银行间市场的活跃，银团贷款能获得爆发式的增长。

第二，跨境人民币贸易融资覆盖跨境全程贸易链条。现阶段，中资银行对境内企业开办跨境人民币贸易融资业务不存在内部制度及管理办法方面的障碍，未来人民币境外贸易融资将成为可打造品牌的新兴业务。跨境贸易融资作为新型的国际贸易融资与避险工具，不仅具备本币结算优势，在锁定汇率波动风险的同

① 另外，在中国重汽18亿元最高额度的纯离岸人民币银团贷款案例中，采用的基准利率就是内地人民银行的基准贷款利率。

② 《前海跨境人民币贷款管理暂行办法实施细则》（第十三条）：前海跨境人民币贷款资金不得用于投资有价证券和金融衍生品，不得用于委托贷款，不得用于购买理财产品，不得用于购买非自用房产等。

时，还能有效拓宽企业融资成本，解决资金紧缺问题。在人民币跨境贸易融资中，以信用证为载体的人民币进出口信用证押汇、协议融资、预付款融资等创新形式迅速发展，涵盖企业全程贸易链条，有效促进了贸易结构的优化。贸易融资的共同特点都是境内银行通过海外银行机构，融入海外较低成本的人民币资金，对国内企业的短期人民币融资服务。国内银行通过境外人民币贸易融资满足境内重点优质客户的融资需求，从而腾出国内人民币信贷和外债规模，加大对议价能力较弱客户的支持。这样既能扩大信贷规模，又可以提升盈利。

案例

香港汇丰银行开展首单离岸人民币应收账款融资业务

2012 年 8 月，汇丰银行首次协助两家境外企业（Debenhams 以及 Milagros）以人民币应收账款融资方式开展采购和供货贸易。在此前的人民币应收账款融资业务中，贸易双方中通常有一方为中国内地企业。此次为两家境外企业提供人民币贸易融资，显示出人民币在离岸贸易中的运用正日趋广泛。

在该笔业务中，总部位于伦敦的英国知名百货公司 Debenhams 向总部设于香港的 Milagros 公司采购冬装、手袋及配饰。汇丰银行凭香港出口方交付的发票向其提供等值 150 万美元的人民币应收账款融资额度，然后直接向英国进口方收取款项。该笔交易的实施有助于 Debenhams 进一步加强与该香港主要供应商的关系，从而令其 167 家欧洲门店、国际特许经营店和邮递订购业务的供货价格保持相对便宜。

Milagros 公司营运总裁表示：转用人民币融资额度，对于 Milagros 和 Debenhams 属双赢之举。他们的生产线在中国内地，大部分成本以人民币计价。但他们大部分海外销售则以美元计价，由此而产生的汇率风险必须在定价时计算在内。如今他们消除这个风险，享有更强的竞争优势，而他们的客户亦同样受惠。

两家境外企业间的应收账款融资以人民币计价显示出人民币在离岸贸易中日

益活跃，其使用不再局限于与内地企业的贸易往来，并且应用类型越来越广泛。随着中国经济的快速发展以及人民币国际化的不断推进，未来将有更多境外企业采用人民币开展贸易融资业务。

资料来源：袁志丽．人民币离岸运用迈步应收账款融资领域［N］．国际商报，2012－08－08.

第三，离岸市场的票据贴现业务实现资产负债短期匹配。票据贴现业务如果在离岸市场上由金融机构完成，那它就是第三方使用的银行授信业务。这项业务能为客户迅速变现手中未到期商业票据，并且能利用离岸市场上低廉的资本成本。贴现票据为离岸市场的高信用短期金融产品引入了新的资产类别，提高了人民币的投资属性；对于金融机构而言，贴现票据是满足其增长的贷款需求，实现资产短期匹配的重要策略之一。

案例

IFC 全球首发人民币贴现票据

2013 年 2 月 IFC（国际金融公司）继试水发行熊猫债券及点心债后，面向全球的机构投资发行了首份 5000 万美元 3 个月的人民币计价的贴现票据，有助于在港私营企业获得更多的短期本币融资。

此次发行人民币计价贴现票据是 IFC 继续完成其扩大本币融资规模承诺的重要举措。2012 年 IFC 承诺了相当于 9800 万美元的本币融资服务，支持对象涵盖医疗保健、可再生能源、中小企业融资改善等领域。IFC 已设立了美元贴现票据项目和全球贴现票据项目，为其新兴市场私营部门投资活动增加筹资来源。这两个项目的部分筹资所得被用于资助全球贸易融资流动性项目，这是一项针对全球金融危机导致的贸易融资短缺而设立的全球性项目。除以美元和 CNH 人民币发行贴现票据外，IFC 还在研究向其他有短期本币融资需求的新兴市场扩展该贴现票据项目。

这一贴现票据为在香港市场寻求高信用短期金融产品的投资者引入了一个新的资产类别。这也是 IFC 为满足不断增长的本币贷款需求，特别是短期贷款需求而采取的策略之一。人民币国际化在海外一直受到质疑，原因之一就是人民币投资渠道有限。IFC 作为一家 3A 评级的国际金融集团发行以人民币计价的创新投资产品也将支持人民币国际化的进程。

资料来源：孙红娟．助力国际化，IFC 首发人民币贴现票据［N］．第一财经日报，2013 - 02 - 27.

第四，投资离岸人民币债券可以实现低风险高收益。作为提高离岸人民币资金收益率的重要方式，离岸人民币债券在人民币资产池中发展最为迅速。货币类产品的迅速扩张为离岸银行投资以及投资银行业务带来巨大的增长空间。目前，人民币债券增长速度大大超过港元债的发展速度。从国际经验来看，离岸债券市场能达到存款市场的 50% 以上。对人民币债券的承销也将是投资银行业务的主要利润增长点。

在香港发行的离岸人民币债券通常安全性较高，有评级的一般在 BBB 以上；到期收益率明显高于银行定期存款，部分房地产企业债的收益率每年高达 10% 以上（见附录 2）；根据彭博资讯统计，在港人民币投资等级债券比同等级美债、台债高出 1 ~2 个百分点，并且年化波动率也远远低于美元债。基于两岸跨境资本流动的增强，未来离岸市场的融资利率进一步向内地靠拢，银行配备短中期的高信誉人民币债券能持续获取理想的固定收益，也便于更广泛地分散投资风险。

6.2.2 离岸负债类业务资金需求上升

2011 ~2013 年人民币离岸市场资金增长主要来自不均衡的人民币跨境贸易结算，内地输出的人民币结算资金是推动香港人民币存款的主要增长点。

根据美元国际化的历史经验，人民币国际化政策未来将大幅提升离岸存款的国际需求。2012 年以来，人民币升值趋势减弱，人民币存款增速下降的趋势也十分明显。同时，人民币贷款需求增加以及 RQFII 与 RFDI 额度增加，再加上离岸投资产品推陈出新，增加了人民币投资途径，导致离岸人民币存款利率大幅攀升，由之前不足 1% 提升到 2013 年的 2.30%。离岸银行业务的净息差随着存贷利率的调高而上升。

2012 年 8 月起，香港银行可以为非香港居民开户和提供各类离岸人民币服务。[①] 这是香港银行首次对非本地居民开放人民币业务。同时，香港银行还提供人民币的投资服务，包括外币挂钩存款、证券买卖、存款证、结构性存款、保险等。但实际上，非香港居民开户之后仍只适合做定期存款与存款证业务。由于人民币的理财业务稀少，人民币不能直接跨境汇款等，非香港居民仍然需要借助港元或外币账户做理财业务。相比之下，许多国内银行的理财产品年化收益率在 4% 以上。香港开户的人民币存款有充足动力汇入内地投资，但目前尚面临较多限制，手续烦琐。

香港人民币离岸市场存款持续下降，但存款证的发行深受投资者欢迎。这表明了人民币投资者倾向于能兼具流动性与盈利性的低风险金融产品。人民币存款证是以人民币计价与结算的定息债务工具，能在二级市场上转让交易，又能获得高达 2.81%[②]的票面利率。目前，离岸中资金融机构逐渐倚重发行人民币存款证来支持贸易信贷，主要发行期为一年以下，用以满足流动资金的需要。

离岸人民币资金还能通过非居民账户人民币结算账户（NRA）转存至境内，对外向型中资企业而言能促进贸易与投资的便利化。开通 NRA 账户的境外企业可办理存款、汇款、票据买卖、资产托管等业务，也可以办理进出口结算及贸易融资等业务。该 NRA 账户与同行其他账户之间划转免收手续费，通过整合提高汇款速度，并且账户币种齐全，为企业资金结算、押汇、回款等带来便利。

---

① 具体包括设立人民币账户、存款、贷款、发出人民币结算扣账卡及信用卡等服务。

② 2013 年 7 月 8 日汇丰银行一年期人民币存款证票面利率。

案例

宁波银行开设 NRA 账户为境外机构提供便利

温州××贸易有限公司成立于 2009 年 1 月 14 日，为外贸型企业，主要出口生丝、绸缎等原料，产品远销印度和欧美地区。客户 2010 年自营业务销售约人民币 4700 万元，另外客户有 60% 的业务通过中介公司做代理。企业从签约订单至回款周期一般在 90 天内，国际贸易结算方式为 D/P 或 T/T，国内供货商需要 10% ~20% 不等的预付款。2008 年该企业在萨摩亚注册了离岸公司。

宁波银行温州分行业务人员于 2011 年 2 月与××公司接触，并利用银行小企业的融资平台对企业提供金融支持。企业于 2011 年 3 月在宁波银行开立了一般结算户和美元账户。在之后的合作中，宁波银行温州分行业务人员了解到企业有离岸公司并开立了离岸账户。为了提高企业的资金使用、加快资金整合，宁波银行业务人员着重推荐了 NRA 账户，加强了企业在银行的结算资金，为企业未来融资提供了便利条件。经过一段时间的合作，客户表示 NRA 资金的存款将从它行逐步划转并沉淀在宁波银行的境内账户。

近年来我国中小型外贸企业发展迅速，许多中小企业为了加强对外贸易、提高资金使用率，在境外注册成立公司，这类公司称作离岸公司。离岸公司在外汇的使用方面比境内公司相对便捷。NRA 账户便利了离岸公司和境内公司的资金使用，提高了运营效率。境内机构和个人与 NRA 账户之间的外汇收支，按照跨境交易进行管理；NRA 账户从境内外收汇、相互之间划转、与离岸账户之间划转或向境外支付，银行可以直接根据客户汇款指示直接办理，方便快捷。

资料来源：《江苏商报》。

6.2.3　离岸中间类业务拓宽利润来源

现代银行业收入的主要来源是存贷利差与中间业务收费，作为现代银行业三大支柱业务之一，中间业务以其成本低、风险小、收益高的特点得以迅速发展。20 世纪 50 年代以来，美国银行业以中间业务为代表的非利息收入占银行全部收入的比重由 30% 上升到 38.4%。20 世纪 90 年代以来，金融衍生品逐步成为美国等发达国家商业银行新的利润增长点。在香港离岸人民币市场贷款定价机制缺失以及存贷需求错配的大背景下，离岸银行的中间业务就更值得我们去重视。

第一，跨境人民币结算需求增长带动跨境金融服务增长。随着企业和居民对跨境人民币结算业务的不断了解，预计跨境人民币结算需求将逐步增加。跨境人民币结算并不仅仅是增加了一个结算币种，而是规避管制与配额的结算工具①；跨境人民币贸易结算还能减少银行的外汇头寸准备，相应地减少外汇贬值的损失；虽然商业银行的结售汇业务的手续费用因此受到影响，但从跨境结算业务所派生出来的各项跨境金融服务来看，银行的手续费收入更为可观。

第二，清算类业务为跨境结算类业务扩大奠定了基础。中资银行作为境内人民币流通的承载主体，将承担离岸人民币清算行的角色。跨境人民币结算业务允许“清算行”与“代理行”模式并存。与其他同业相比，“代理行”模式为各银行拓宽人民币跨境结算网络，做大跨境清算业务提供了机遇。

第三，经纪类业务拓宽了中间业务的收入来源渠道。香港人民币离岸市场的逐渐扩大以及人民币债券的比重提升，将为中资银行带来更多的人民币债券承销业务。伴随着未来 RQFII、RQFII2、跨境贷款等模式进一步发展，中资银行可以引导并疏通境内外人民币资金的双向流通，实现投资资金的保值与增值，从而拓展人民币的理财业务。

6.2.4 离岸金融市场业务实现快速增长

伴随着未来不断增加的境外参加银行在中资银行开户，开展人民币资金拆

① 使用外币进行结算所受的外汇管制与外债管理较为严格。无论是开具信用证、保函以及其他各种跨境结算工具，人民币结算都比外币更为灵活，便于满足客户的个性化需求。

借、购售与洐生品业务，预计中资银行面临跨境人民币金融市场业务迅速增长的机遇期。

首先是内地代理行跨境人民币购售业务额度放宽。随着人民币跨境贸易结算的持续增长以及境外参加行的不断增长，对人民币购售的需求也将迅速增长。人民币升值预期造成 CNH 结汇要高于 CNY 结汇，离岸客户自然选择通过内地银行结汇，同时内地客户也有需求选择离岸售汇。人民银行对人民币购售业务实行累计限额的双向规模管理。[①] 汇率的变动往往造成跨境购售汇额度的告罄，对市场流动性造成冲击。2011 年以来，央行大幅提高了内地代理行人民币跨境贸易结算的购售限额，并且远高于清算行的额度。这使人民币跨境购售业务成为内地代理行离岸业务的主要利润来源。

其次是人民币拆借、外汇业务有望进入内地银行间市场。2010 年 8 月，境外三类机构获准运用人民币投资内地银行间债券市场。[②] 截止到 2012 年底，已经超过 100 家国际金融机构、境外参加行、境外保险机构与 RQFII 等获准进入内地银行间债券市场。由于内地的政策性金融债券、央票、国债等利率大幅优于香港离岸市场，能获准进入内地银行间市场的银行的资产获利能力与存款竞争力将大有助益。在 2013 年 6 月的陆家嘴论坛上，央行行长也明确表示将扩大货币市场的参与范围，支持境外人民币参与行进入银行间同业拆借与外汇市场，在核定的额度内扩大交易规模。

最后是跨境人民币金融产品与服务的创新加快。境外持续增长的人民币存量资金将逐渐提升规模，中资银行有望通过跨境人民币金融产品创新来提升资金收

① 《跨境贸易人民币结算试点管理办法实施细则》第六条：中国人民银行对内地代理银行与境外参加银行之间的人民币购售业务实行年度人民币购售日终累计净额双向规模管理，内地代理银行可以按照境外参加银行的要求在限额以内办理购售人民币业务，内地代理银行购售限额由中国人民银行根据具体情况确定。

② 中国人民银行于 2010 年 8 月 16 日发布《中国人民银行关于境外人民币清算行等三类机构运用人民币投资银行间债券市场试点有关事宜的通知》，允许境外中央银行或货币当局、香港、澳门地区人民币业务清算行和跨境贸易人民币结算境外参加行三类机构运用人民币投资内地银行间债券市场。

益率。人民币内地汇率形成机制更有弹性，境外定价机制更加市场化，将推动中资银行开展离岸人民币汇率、利率相关金融衍生产品的创新。从发展趋势来看，将各种基础产品组合，利用内地外汇率与利率市场的价差进行合理套利的产品创新已经成为主流。从业务拓展模式来看，跨境贸易结算带来的离岸储蓄理财账户创新以及跨境贸易融资链条上的投融资业务创新将成为主流。

6.3 稳步推行国际化经营战略

从企业角度来看，人民币国际化背景下的企业国际化经营实际上首先是企业财务公司的国际化。“走出去”战略使得企业集团跨境活动更为频繁与复杂，势必涉及大量的外汇结算、融资与多币种管理的业务。财务公司作为企业集团的财务平台，整合全球的金融资源，广泛地调拨资金并管理金融资产，对集团跨境经营提供有力支持。从企业集团国际化经营的战略背景来看，财务公司有必要成立专门的国际金融部门，集中处理多币种汇率与利率风险管理的难题，为企业集团实施“走出去”战略提供决策依据。

从金融机构角度来看，人民币国际化战略是做大资产负债业务，实现其全球扩张的重要契机。中资银行的国际化经营与人民币国际化战略相互促进，互为因果。中资银行以跨境贸易结算为主要依托，通过全程贸易链条推动跨境投融资业务的发展，形成遍布全球的人民币清算网络，降低各项人民币金融服务信息费用与交易成本，届时将推动人民币最终交易、计价、储备等国际货币职能。中资银行作为境外人民币管理与流通的主要载体，通过人民币业务结算与清算网络拓展布局，带动多种货币的汇兑、理财及投融资业务增长，最终实现全球化的金融服务战略。

第7章

本书主要研究结论

本书初步考察了人民币国际化进程、香港离岸市场建设对企业、金融业的影响，并从外向型企业与金融机构视角探索了应对策略与可能商机，全书得出的主要结论如下：

第一，所谓“以史为鉴，可知兴衰”。在人民币国际化的道路上，借鉴美国、英国、德国与日本的经验教训，可以看出人民币国际化的背景和路径与日元国际化具备相似性。总结历史经验教训，可以认为，经贸实力是决定货币国际化的前提条件，一国金融市场的开放程度与辐射能力却是决定国际货币地位的关键因素。在贸易顺差的背景下，通过开放资本项目、深化在岸金融市场，以资本输出的方式推动货币国际化具备优越性与可持续性。

第二，人民币国际化进程是一项系统工程。要求有自上而下的视野与统筹方案。国内金融体系改革与资本项目改革需要相互促进、协同发展，以增强市场整体性与流动性，规避人民币国际化进程中的金融风险。人民币国际化也是产业变革的历史机遇。汇率调整与要素市场改革势必带来产业结构的变革，其中非贸易品部门（尤其是服务业）将受益于实际汇率的升值，迎来可观的前景与商机；同时，随着未来人民币逐渐成为亚太区贸易结算货币与锚货币，与贸易结算、融资相关的金融服务业将迎来发展机遇。

第三，从离岸市场上资金循环这一视角切入，探讨了人民币离岸市场的资金供求与循环通路，进一步对不同市场结构下在岸与离岸市场的联通机制作了比较分析。本书认为，人民币资金向离岸流动主要通过贸易结算推动，人民币资金回流的主要手段依赖于债权与股权的投融资。从金融产品设计这一视角来看，前者需要完善人民币计价的 NDF 与 DF 产品，后者则需要开发交易所债券及债权类理财产品、人民币 RQFII 与 ETF 产品以及相关的债权、股权类衍生金融产品。

第四，伴随人民币国际化战略的逐步推进，未来人民币离岸市场是角逐货币投资与储备属性的主要战场。在人民币升值背景之下，人民币离岸市场的投机氛围仍然较重。其中，离岸资金的注入主要依赖进口结算与套汇操作，资金的回流主要依赖于投融资与套利操作。在我国资本账户开放及境内利率市场化完成之前，预计汇率与利率的“双轨制”将持续成为人民币离岸市场的一项特征。

第五，本书从微观视角探讨了人民币国际化战略、香港人民币离岸市场建设可能带来的金融业业态变革与企业的战略机遇。本书认为，人民币离岸市场资金流入主要依赖于进口贸易结算；资金回流的主要手段是债权与股权产品的投融资。贸易项下的金融产品开发主要思路是利用内地、境外的即期、远期汇率价差以及利率差，其中跨境信用证、协议付款、DF 和 NDF 业务发展空间较大。投融资产品作为发展离岸市场的充分条件，主要思路是利用境内、境外的汇率差与利率差以及参与内地资本市场，其中债券、CDs、ETF、跨境贷款、RQFII 的发展空间可期。

第六，本书从外向型非金融类企业与金融机构两类视角，分别探讨了人民币国际化战略与香港人民币市场建设的应对策略与可能商机。人民币本币结算的策略将有利于外向型企业“走出去”的国际化战略，并为跨国企业多币种汇率风

险管理提供新的思路。外向型企业受益于人民币贸易结算的便利、显著降低融资成本，并且能直接提高资金管理效率，带来跨境套利与套汇的商机；金融类企业则直接受益于离岸市场的扩张，迎来离岸资产业务的增长期，中间业务将拓宽利润来源，并且带动金融市场新兴业务的快速发展。

附 录

附录1 人民币国际化大事记

1996 年	○中国允许经常账户的人民币可兑换。对资本项目中的外汇（尤其是流出）仍保持管制
1997 年	○事实上，政府一直将人民币盯住美元，并维持在 8.3 元左右的水平（直到 2005 年）
2001 年	○中国加入世界贸易组织
2003 年	○合格境外机构投资者（QFII）计划启动
2004 年	○香港成为第一个开展个人人民币服务的离岸中心
2005 年	○中国开始实行以市场供求为基础，参考一篮子货币的管理浮动汇率制度
2006 年	○场外交易模式被引入银行间即期外汇交易市场，同时保留自动价格对盘模式。引进做市商制度 ○合格境内机构投资者（QDII）计划启动
2007 年	○国家开发银行发行了第一只人民币计价的债券，价值 50 亿元，这是首只在港交所公开发行的以人民币交易和结算的债券
2008 年	○中国央行与韩国央行签署双边货币互换协议，彼此相互提供 1800 亿元的短期流动性 ○国务院批准广东省、长三角地区、广西壮族自治区以及云南省与亚洲国家的跨境贸易可以使用人民币结算 ○中国与邻国签署双边货币结算协议，包括蒙古国、越南和缅甸

续表

2009 年	○覆盖中国香港、中国澳门和东盟的跨境贸易人民币结算试点计划在五个内地试点城市推出 ○香港参与银行可向以人民币与内地贸易商进行贸易结算的外国贸易商提供贸易融资 ○财政部在香港发行首只人民币离岸主权债券 ○香港银行的大陆分公司可在香港发行人民币债券 ○中国央行成立一个新的部门负责汇率政策。其主要职能之一就是“发展与人民币国际化进程相一致的离岸人民币市场” ○中国央行与马来西亚签署双边货币互换协议 ○中国央行与白俄罗斯、印度尼西亚和阿根廷签署双边货币互换协议 ○六个政府部门联合启动跨境交易的人民币结算试点项目
2010 年	○人民币贸易结算试点计划扩大至 20 个省和直辖市。海外贸易结算扩大到世界其他地方 ○首个人民币离岸产品平台在香港建立 ○中银香港能够清算个人人民币业务、贸易结算、人民币债券发行费用以及中国政府批准的交易 ○人民币银行间市场向经选择的离岸人民币持有人开放 ○提出上海实施资本项目下的人民币结算 ○人民币直接境外投资试点启动 ○中国与俄罗斯之间的贸易结算将使用两国的货币
2011 年	○中国央行发布《关于跨境人民币交易的公告》，人民币结算业务的 FDI 开始试点 ○RQFII 计划启动
2012 年	○中国央行将 USD - RMB 每日交易波动范围从 0.5% 扩大至 1% ○伦敦市启动使其成为人民币业务中心的计划 ○2012 年，第一批人民币合格境外机构投资者（RQFII）配额被分配给设在香港的内地券商

续表

2012 年	○中国台湾地区央行宣布已与北京签署一份协议，将为建立新的离岸市场（CNT）设立一个人民币清算系统 ○中国银行台北分行获得台湾人民币清算业务资格。台湾会有其自己的离岸人民币即期汇率 CNT，正如香港的 CNH ○中国宣布将使在深圳前海地区的公司从香港的银行获得人民币贷款，这些贷款的年限和利率由香港独立制定 ○RQFII 和 QFII 计划大幅扩大 ○香港金融管理局放松 NOP 和流动性风险管理规则；引进人民币贷款额度
2013 年	○英国央行与中国央行签署为期 3 年的英镑与人民币互换协议 ○人民币业务在台湾启动 ○工商银行被任命负责新加坡的人民币清算业务 ○中国央行与新加坡金融管理局将货币互换规模扩大至 3000 万元，有效期为 3 年

资料来源：HSBC。

附录 2　2013 年以来香港主要的人民币债券

公司债券

日期	发债主体	发债额（亿元）	息率（%）	期限
2013 - 5	统一中控	10.0	3.50	3
2013 - 5	东航海外（香港）	22.0	3.87	3
2013 - 5	宝龙地产	8.0	9.50	3
2013 - 5	花样年	10.0	7.87	3
2013 - 5	仁恒置地	20.0	5.37	3

续表

日期	发债主体	发债额（亿元）	息率（%）	期限
2013 - 5	绿城中国	25.0	5.62	3
2013 - 5	I. T. Ltd	10.0	6.25	5
2013 - 4	亚洲金融	5.0	6.90	5
2013 - 4	金轮天地控股	6.0	11.25	3
2013 - 4	大唐集团	25.0	3.60	3
2013 - 4	丽丰控股	18.0	6.87	5
2013 - 4	泛海集团	5.0	6.50	5
2013 - 4	佳兆业	18.0	6.87	3
2013 - 4	新城发展	15.0	9.75	3
2013 - 4	德国 KfW Bankengruppe	5.1	2.00	1
2013 - 3	雷诺汽车	7.5	4.65	3
2013 - 3	帝盛酒店集团	8.5	6.00	5
2013 - 3	金地集团	20.0	5.62	5
2013 - 3	世纪互联	10.0	7.87	3
2013 - 2	远东发展公司	10.0	5.87	3
2013 - 1	香港来宝集团	10.0	4.00	3
2013 - 1	华能国际电力	15.0	3.85	3
2013 - 1	新世界中国	30.0	5.50	5
2013 - 1	广东核电集团	15.0	3.75	3

金融机构债券

日期	发债主体	发债额（亿元）	息率（%）	期限
2013 - 6	韩国出入口银行	1.3	2.65	1
2013 - 6	印度 IDBI 银行	2.2	3.40	1
2013 - 6	世界银行	17.0	2.00	1
2013 - 5	澳洲国民银行	4.0	2.40	2
2013 - 3	中美洲经济合作银行	5.0	3.20	3
2013 - 3	印度 IDBI 银行	2.5	3.50	1
2013 - 3	巴西 Banco Bradesco SA	2.4	3.25	3
2013 - 3	巴西 Banco BTG Pactual	9.9	4.10	3
2013 - 3	俄罗斯标准银行	7.6	8.00	2
2013 - 2	建行香港分行	1.2	2.95	3

续表

日期	发债主体	发债额（亿元）	息率（%）	期限
2013 - 1	GPB Eurobond Finance	2.5	4.00	3
2013 - 1	俄罗斯标准银行	5.0	8.00	2
2013 - 1	俄罗斯农业银行	10.0	3.60	3
2013 - 1	Emirates NBD Bank PJSC	1.0	3.20	1
2013 - 1	俄罗斯 VTB Capital	10.0	4.50	3
2013 - 1	中银（香港）	3.0	2.90	1
2013 - 1	九龙仓 WHARF FINANCE	1.0	4.15	7
2013 - 1	巴西 Banco Bradesco SA	3.5	3.70	3
2013 - 1	瑞典商业银行	4.0	3.00	3
2013 - 1	汇丰（中国）	10.0	三个月 SHIBOR 减 60bp	2

参考文献

[1] M. Chinn and J. Frankel. Will the Euro Eventually Surpass the Dollar as Leading International Reserve Currency? [J]. NBER Working Paper, 2005, No. 11510.

[2] Cohen and J. Benjamin. The Future of Sterling as an International Currency [M]. London: Macmillan, 1971.

[3] DBS RMB Index for Winning Enterprises (DRIVE) [J]. 2013 (8).

[4] Hartmann Phillip. Currency Competition and Foreign Exchange Markets: the Dollar, the Yen and the Euro [M]. Cambridge: Cambridge University Press, 1998.

[5] K. C. Woon and A. King, CNH Market Guide RBS, 2012, 2 (6).

[6] Kenen and Peter. The Role of the Dollar as an International Currency [J]. Occasional Papers, Group of Thirty NY, 1983 (13).

[7] RMB Internationalisation: Implications for the Global Financial Industry [R] SWIFT, 2011.

[8] V. Rossi and W. Jackson, Hong Kong's Role in Building the Offshore Renminbi Market [R]. Chatham House, 2011.

[9] 巴曙松，吴博. 人民币国际化对中国金融业发展的影响 [J]. 西南金融，2008 (4).

［10］巴曙松．香港能成为人民币离岸金融中心吗？［J］．经济月刊，2002（11）．

［11］北京福盛德经济咨询有限公司［R］．人民币国际化的进展和问题（Fost 专题报告）2011.

［12］曹勇．人民币国际化进程研究［J］．金融与经济，2003（3）．

［13］曹远征．人民币国际化：缘起与发展［J］．博源基金会特刊，2011（4）．

［14］曾之明，岳意定．人民币离岸金融中心发展模式及策略选择［J］．中南财经政法大学学报，2010（1）．

［15］曾之明，岳意定．人民币离岸中心的选址及沪港协调机制［J］．系统工程，2010（7）．

［16］陈彪如．人民币汇率研究［M］．上海：华东师范大学出版社，1992.

［17］陈露．日本国际板失败原因及对中国的启示［J］．中国金融，2010（13）．

［18］陈雨露，王芳，杨明．作为国家竞争战略的货币国际化：美元的经验证据——兼论人民币的国际化问题［J］．经济研究，2005（2）．

［19］戴道华．吸取日元国际化失败的经验教训［J］．中银财经评述，2009.

［20］刁云涛，平晓东，翁洪服．跨境贸易人民币结算需求研究：需求意愿、货币替代及人民币离岸市场发展［J］．金融发展研究，2010（3）．

［21］丁岚，杨胜刚．CEPA 框架下的大陆与香港金融合作——香港人民币离岸中心发展问题研究［J］．金融经济，2006（3）．

［22］法制办．上海离岸金融市场法制保障研究［J］．政府法制研究，2010（2）．

［23］樊纲．人民币国际化：独特的路径与特殊的风险［J］．北京大学汇丰

商学院讲座，2011（31）.

［24］冯申江．人民币离岸金融市场建设与金融创新［J］．中国外汇，2010（8）.

［25］付竞卉．关于人民币国际化问题的国内研究综述［J］．现代商业，2007（8）.

［26］干杏娣，曹海军．人民币国际化的动因、利弊与战略——复旦大学世界经济研究所干杏娣教授访谈［J］．社会科学家，2011（2）.

［27］高海红．人民币成为区域货币的潜力［J］．国际经济评论，2011（2）.

［28］高海红，余永定．人民币国际化的含义与条件［J］．国际经济评论，2010（1）.

［29］高圣智．吸取日元国际化经验教训稳步推进人民币国际化［J］．西部金融，2007（12）.

［30］管涛．汇率制度在亚洲金融危机演变中的作用及其对我国的启示［J］．国际金融研究，1999（10）.

［31］郭彩霞．人民币国际化的现状分析［J］．前沿，2007（12）.

［32］国务院发展研究中心“人民币区域化中长期研究”课题组．中国香港、新加坡人民币区域化情况考察综述［EB/OL］．国务院发展研究中心信息网，2011－03－11，http：//www. drcnet. com. cn/DRCnet. common. web/docview. aspx? docid＝2539080&leafid＝1&chnID＝1002，最后访问时间：2011年6月27日.

［33］韩骏，韩继云．加快推进人民币国际化的重要意义［J］．经济研究参考，2007（48）.

［34］何帆，张斌．香港离岸人民币金融市场的现状、前景、问题与风险［J］．国际经济评论，2011（3）.

［35］何慧刚．资本项目自由化、汇率制度弹性化与人民币国际化［J］．经

济学研究，2007（5）.

［36］何慧刚．人民币国际化：模式选择与路径安排［J］．财经科学，2007（2）.

［37］何建雄，余熳宁，黄昊．关于广西、云南与越、缅、老经贸关系及人民币境外使用情况的考察报告［J］．中国人民银行2000年调查报告，2000.

［38］贺力平．步出单一盯住制——中国外汇和汇率体制发展目标与前景［J］．国际贸易，2000（1）.

［39］贺玲．人民币国际化的进程［J］．经济研究参考，2004（7）.

［40］胡冬梅，郑尊信，潘世明．汇率传递与出口商品价格决定：基于深圳港2000~2008年高度分解面板数据的经验分析［J］．世界经济，2010（6）.

［41］胡祖六．人民币：重归有管理的浮动［J］．国际经济评论，2000（2）.

［42］黄河．人民币国际化的若干制约因素［J］．现代国际关系，2010（6）.

［43］黄静，建立人民币离岸金融中心的问题研究［M］．华东师范大学，2007.

［44］黄静，徐慧．建立人民币离岸中心的现实性分析及前景展望［J］．北京市财贸管理干部学院学报，2006（3）.

［45］黄启聪．香港应担当人民币离岸中心的角色［J］．沪港经济，2010（6）.

［46］黄少明．香港：人民币离岸中心［J］．粤港澳价格，2004（1）.

［47］黄薇，任若恩．主流汇率制度分类方法及相关争论［J］．国际金融研究，2010（3）.

［48］黄益平．人民币离岸市场：良药抑或鸡肋？［J］．中国经贸，2010（5）.

［49］汇丰银行（中国）有限公司．汇丰调查：预计人民币今年将成全球贸易企业选择的三大主要结算货币之一，2011.

［50］贾艳丽．人民币国际化的现状及战略路径［J］．科技信息，2006（5）．

［51］江时学．拉美国家的汇率制度与美元化［J］．世界经济，2004（5）．

［52］金中夏．徐昕．莫万贵．香港人民币离岸市场建设［J］．中国金融，2013（7）．

［53］姜波克．均衡汇率理论和政策的新框架［J］．中国社会科学，2006（1）．

［54］姜波克．人民币自由兑换和资本管制［M］．上海：复旦大学出版社，1999.

［55］李翀．论人民币离岸金融中心形成的可能与影响［J］．学术研究，2004（4）．

［56］李翀．论人民币区域化与人民币离岸金融中心的形成［J］．中国经济问题，2004（6）．

［57］李稻葵．双轨制实现人民币国际化［J］．新财富，2007（11）．

［58］李稻葵，刘霖林．人民币国际化：计量研究及政策分析［J］．金融研究，2008（11）．

［59］李稻葵，刘霖林．双轨制推进人民币国际化［J］．中国金融，2008（10）．

［60］李富有，李敏．拉美国家汇率制度的选择及其对中国的启示［J］．拉丁美洲研究，2003（6）．

［61］李国学．资产专用性投资于全球生产网络的收益分配［J］．世界经济，2009（8）．

［62］李杰，马晓平．现行国际货币体系的运行状况与发展趋势——兼论人

民币国际化［J］．对外经贸实务，2008（2）．

［63］李婧，管涛，何帆．人民币跨境流通的现状及对中国经济的影响［J］．管理世界，2004（9）．

［64］李婧．中国改革基金会招标项目2003年度资助课题：人民币国际化的现状和前景研究——结项报告［R］．2005.

［65］李婧．中国资本账户自由化与汇率制度选择［M］．北京：中国经济出版社，2006.

［66］李靖．中国外汇储备收益率变动的原因：分解与回归分析［J］．中国社会科学院世界经济与政治研究所国际金融研究中心．Working Paper No. 2011W19：1－17.

［67］李军睿．人民币国际化路径研究［M］．吉林：吉林大学出版社，2009.

［68］李晓，李俊久，丁一兵．论人民币的亚洲化［J］．世界经济，2004（2）．

［69］李新功．国际生产效率区域转移与货币体系错配：人民币国际化［J］．上海金融，2009（3）．

［70］李瑶．非国际货币、货币国际化、与资本项目可兑换［J］．金融研究，2003（8）．

［71］李永健．设立香港人民币离岸金融中心需慎行——从国际离岸金融中心的现状谈起［J］．恩施职业技术学院学报综合版，2005，17（3）．

［72］李豫．人民币国际化与上海国际金融中心建设［J］．上海金融，2011（1）．

［73］李治刚，宁诗华．对深圳口岸人民币现金跨境流动的分析［J］．深圳金融，2004（7）．

［74］李众敏．美国数量宽松货币政策的前景分析［J］．国际经济评论，

2009（9）.

［75］林伯强．人民币均衡实际汇率的估计与实际汇率错位的测算［J］．经济研究，2002（12）.

［76］刘崇．以贸易发展推进人民币国际化［J］．南方经济，2007（10）.

［77］刘海清．人民币国际化不可单兵突进［J］．理论导报，2011（1）.

［78］刘俊．人民币国际化研究文献综述［J］．黄海学术论坛，2010（15）.

［79］刘力臻，杜辉，徐奇渊．货币国际化一般规律分析及其启示［M］//人民币国际化探索．北京：人民出版社，2006.

［80］刘力臻，谢朝阳．东亚货币合作与人民币汇率制度选择［J］．管理世界，2003（3）.

［81］刘晓欣，张立平．对外贸易中的铸币税及其经济效应［J］．当代财经，2007（12）.

［82］卢锋．解读人民币实际汇率之谜（1978～2005）——人民币实际汇率长期走势研究之五［J］．北京大学中国经济研究中心中文讨论稿，2006，No. C2006012.

［83］卢锋．人民币实际汇率之谜（1979～2005）——基于事实比较和文献述评的观察［J］．经济学（季刊），2006（3）.

［84］陆汉星，崔强．人民币国际化研究［J］．现代商贸工业，2008.

［85］陆磊．人民币国际化的契机［J］．南方金融，2008（4）.

［86］马丹，许少强．中国贸易收支、贸易结构与人民币实际有效汇率［J］．数量经济技术经济研究，2005（6）.

［87］马纲．中国实际均衡汇率．中国经济改革研究基金会国民经济研究所［D］．工作论文，2000.

［88］马骏：离岸市场的人民币资产有望加速增长［EB/OL］．金融界网站，

2011－04－20. http：//bank. jrj. com. cn/2011/04/2015539784412－3. shtml . 最后访问时间 2011 年 6 月 27 日 .

［89］马骏 . 人民币走出国门之路［M］. 中国经济出版社，2012.

［90］蒙代尔 . 国际货币：过去、现在和未来［M］. 北京：中国金融出版社，2003.

［91］秦晓，中国的崛起和全球治理格局的新均衡［EB/OL］. 英国《金融时报》中文网，2011－05－30. http：//www. ftchinese. com/story/001038832. 最后访问时间：2011.

［92］人民币国际化研究课题组 . 人民币国际化的时机、途径及其策略［J］. 中国金融，2006（5）.

［93］施建淮 . 人民币均衡汇率与汇率失调：1991～2004［J］. 经济研究，2005（4）.

［94］舒畅 . 从三大货币国际化经验看人民币国际化的可能途径［J］. 经济论坛，2006（24）.

［95］宋晓玲 . 基于外汇市场的人民币国际化条件探讨［J］. 商业时代，2011（8）.

［96］孙立行 . 基于人民币国际化视角的人民币汇率形成机制改革问题研究［J］. 世界经济研究，2010（12）.

［97］孙兆斌 . 汇率制度选择与金融危机——发展中国家的经验及对中国的启示［J］. 国际金融研究，2002（3）.

［98］王健君 . 人民币国际化图景［J］. 瞭望，2007（47）.

［99］王玲 . 历史回顾：建立人民币离岸中心的是是非非［J］. 中国外汇管理 . 2005（12）.

［100］王信 . 发展香港人民币离岸市场，促进上海金融中心建设［J］. 国际贸易 . 2010（6）.

［101］王亚娟．人民币国际化是一个过程［J］．世界知识，2009（15）．

［102］王永中．国际资本流动悖论：一个文献综述［J］．中国社会科学院世界经济与政治研究所国际贸易与投资研究中心，Working Paper No. 10003：1－17.

［103］王永中．中国外汇储备的构成、收益与风险［J］．中国社会科学院世界经济与政治研究所国际贸易与投资研究中心，Working Paper No. 10004：1－21.

［104］王元龙．关于人民币国际化的若干问题研究［J］. Finance & Trade Economics，2009（7）．

［105］武广，冯文伟．人民币国际化问题探究——人民币国际化对国际清偿力的影响［J］．金融理论与实践，2008（3）．

［106］武良成．中俄经济转轨过程中不同汇率制度选择比较［J］．南开经济研究，2002（4）．

［107］屈宏斌等．人民币国际化指引更新版［M］．香港：汇丰银行，2013.

［108］吴建光．全球离岸金融中心发展现状面临的挑战与发展趋势［J］．金融研究，1996（2）．

［109］香港集思会人民币课题组．促进香港成为人民币离岸中心研究［J］．港澳台金融，2010（404）．

［110］谢冰，王烜．关于铸币税的理论研究进展［J］．经济学动态，2002（9）．

［111］谢冰，邹伟．铸币税与金融风险相关性的理论与实证分析［J］．财经理论与实践，2003（6）．

［112］谢建国．外商直接投资、实际有效汇率与中国的贸易盈余［J］．管理世界，2005（9）．

［113］胥良．人民币国际化问题研究［M］．上海：华东师范大学出版社，2010.

［114］徐明棋．从日元国际化的经验教训看人民币国际化与区域化［J］．世界经济研究，2005（12）．

［115］徐奇渊，李婧．国际分工体系视角的货币国际化：美元和日元的典型事实［J］．世界经济，2008（2）．

［116］徐奇渊．日元国际化的经验及其对人民币的启示［J］．金融评论，2010（2）．

［117］徐奇渊．人民币国际化面临的挑战和选择［J］．当代世界，2010（7）．

［118］徐奇渊．中美汇率之争：贸易问题还是金融问题？［J］．世界经济，2010（20）．

［119］徐韬．人民币国际化的收益［J］．经济研究参考，2011（6）．

［120］徐向梅．俄罗斯汇率制度的演进和外汇市场的发展［J］．国际经济评论，2004（4）．

［121］徐新华．人民币国际化研究：理论与实证［M］．上海：复旦大学出版社，2006.

［122］许崇正．论我国汇率制度的选择［J］．财经问题研究，2004（1）．

［123］许少强．关于人民币汇率的若干分析［J］．国际金融研究，1995（7）．

［124］杨海珍，赵颖．香港人民币离岸中心建立模式与效应分析［J］．金融管理，2003（11）．

［125］杨磊．700 亿在港人民币急寻出路内地专家组即将调研［N］．中国经营报，2003－03.

［126］杨全发，涂雄悦．汇率变动对 FDI 及东道国福利的影响［J］．国际

金融研究，2005（10）.

［127］杨小凯. 分工与专业化——文献综述［M］//载汤敏，茅于轼主编：现代经济学前沿第三集. 北京：商务印书馆，1999.

［128］杨长江. 人民币实际汇率长期变动趋势研究［M］. 上海：上海财经大学出版社，2002.

［129］易纲，范敏. 人民币汇率的决定因素及走势分析［J］. 经济研究，1997（10）.

［130］易纲. 汇率制度的选择［J］. 金融研究，2000（9）.

［131］余永定. 人民币国际化研究［J］. 中国社会科学研究院世界经济与政治研究所国际金融研究中心，Working Paper No. 2010W08.

［132］余永定. The Renminbi's Journey to the World［J］. 中国社会科学院世界经济与政治研究所国际金融研究中心，Working Paper No. 2010034：1－16.

［133］余永定，何帆，李婧. 亚洲金融合作：背景、最新进展与发展前景［J］. 国际金融研究，2001（2）.

［134］余永定. 通货膨胀与汇率升值有替代关系吗［J］. 中国社科院世界经济与政治研究所国际金融研究中心. Policy Brief No. 07015. http://www.rcif.org.cn/ReadNews.asp? NewsID＝4832007.

［135］余永定. 中国应从亚洲危机中吸取的教训［J］. 金融研究，2000（12）.

［136］俞乔. 亚洲金融危机与我国汇率政策［J］. 经济研究，1998（10）.

［137］张斌. 中国对外金融战略的政策排序——基于国家对外资产负债表的分析［J］. 国际经济评论，2011（2）.

［138］张斌，何帆. 货币升值的后果——基于中国经济特征事实的理论框架［J］. 经济研究，2006（5）.

［139］张斌，王勋. 从跨境贸易人民币结算看中国的人民币国际化战略

［J］．中国社会科学院世界经济与政治研究所国际金融研究中心，Working Paper No. 2011W01：1－19.

［140］张斌．人民币汇率改革：折衷的方案［J］．国际经济评论，2010（1）．

［141］张斌．人民币均衡汇率：简约一般均衡下的单方程模型研究［J］．世界经济，2003（11）．

［142］张纯威．香港人民币离岸金融市场发展与人民币国际化［J］．广东金融学院学报，2009（6）．

［143］张光平．防范境外投机性资金的流入和撤出、确保我国经济和金融安全［R］．防范境外投机性资金流入对策及建议，2008.

［144］张丽娟，孙春广．人民币在香港流通、使用情况考察［J］．改革，2002（5）．

［145］张明．略论中国外汇储备面临的潜在资本损失［J］．经济理论与经济管理，2010（1）．

［146］张明．难以承受的外汇储备之重［J］．中国社会科学院世界经济与政治研究所国际金融研究中心，Policy Brief No. 2011（28）：1－5.

［147］张明．人民币国际化的进展与隐忧．中国社会科学院世界经济与政治研究所国际金融研究中心．Policy Brief No. 2011（6）：1－5.

［148］张明．中国的短期国际资本流动：诱因与冲击——基于2000年至2010年月度数据的分析［J］．中国社会科学院世界经济与政治研究所国际金融研究中心，Working Paper No. 2011（8）：1－18.

［149］张明，何帆．中国的货币政策与汇率政策均应及时调整［J］．中国社会科学院世界经济与政治研究所国际金融研究中心，国际经济评论，2010（3）：1－16.

［150］张明．国际货币体系改革：背景、原因、措施及中国的参与［J］．

国际经济评论，2010（1）.

［151］张琦生．人民币国际化进程的路径探析［J］．金融理论与实践，2007（7）.

［152］张青龙．人民币国际化的经济效应：一般均衡分析［J］．世界经济研究，2005（8）.

［153］张青龙．人民币国际化对货币政策的影响：基于 IS－LM 模型分析［J］．国际金融，2011（2）.

［154］张适兆．次贷危机下的人民币国际化［D］．硕士学位论文，2008.

［155］张晓朴．人民币均衡汇率的理论与模型［J］．经济研究，1999（12）.

［156］张燕生．后危机时代：中国转变外贸增长方式最重要［J］．国际经济评论，2010（1）.

［157］张宇燕，张静春．货币的性质与人民币的未来选择——兼论亚洲货币合作［J］.2008（2）.

［158］张宇燕．人民币国际化：赞同还是反对？［J］．国际经济评论，2010（1）.

［159］赵娜．人民币国际化的收益与成本分析［J］．黑龙江对外经贸，2007（6）.

［160］中国人民银行上海总部国际金融市场分析小组．二〇一〇年国际金融市场报告［R］.2011－03.

［161］钟磊．论构建香港人民币离岸金融中心［J］．福建金融，2011（1）.

［162］钟伟．略论人民币的国际化进程［J］．世界经济，2002（3）.

［163］周林，温小郑．货币国际化［M］．上海：上海财经大学出版社，2001.

[164] 周伍阳．深港人民币离岸市场：人民币区域化国际化的“试验田”[J]．深圳大学学报（人文社会科学版），2011，28（1）：64－68.

[165] 周小川，谢平．走向人民币可兑换 [M]．北京：经济管理出版社，1993.

[166] 朱耀春．各国汇率制度比较研究及对中国汇率制度改革的启示[J]．经济体制改革，2003（5）．

[167] 邹建华，李江涛．香港人民币离岸金融市场建设初探——一个基于CEPA与人民币国际化的框架 [J]．求索，2008（4）．